哲学はなぜ役に立つのか？

萱野稔人

目次

装　丁――坂本龍司（cyzo inc.）
装　画――管　弘志
編集協力――橋富政彦

（第1講）

哲学とは何か？

◈哲学の本質は意外とシンプルである

私は大学で「哲学」の講義を担当しています。私が勤務している大学は女子大ですから、受講生は全員女子学生です。ほとんどの学生は哲学書なんて読んだことがありません。そんな学生たちに対してどのように哲学を教えるべきか、いつも考えさせられます。

哲学の授業ではときどき学生から「哲学って何ですか？」と聞かれます。

私の場合、哲学の授業といっても、プラトンやアリストテレスに始まってヘーゲルやハイデッガーに至るような哲学史をそのままなぞるような講義をしていません。ですので、哲学とは何か、余計に謎なのでしょう。

ほかにも哲学というと、最近では、安楽死や尊厳死は許されるのかといった問題を考える応用倫理学がはやっていますが、そういった問題も私の授業ではあまり取り上げません。もちろん取り上げないこともなくはないのですが、あまり取り上げない。

だから学生たちは最初戸惑ってしまうのかもしれないですね。「哲学の授業では、高校までの倫理のようなことをするのかと思っていた」という学生もたくさんいますし。

では、哲学とはいったい何なのでしょう？

これに関して参考になるのは、フランスの哲学者、ジル・ドゥルーズとフェリックス・ガタリが書いた『哲学とは何か』という本です。

この本のなかで彼らは、哲学とは概念の創造である、と述べています。

といっても、いきなり「概念の創造」なんて言われても、よくわからないかもしれません。ひとつ例を挙げましょう。

分子生物学者の福岡伸一さんが少し前に『生物と無生物のあいだ』という本を出版しました。これはサントリー学芸賞（07年）や新書大賞（08年）を受賞し、とても話題になった本です。

この本のなかで福岡さんは「生物とは何か」という問いに答えようとしている。しかしこの「生物とは何か」という問いは、じつは実証的なアプローチだけでは答えられない問いなんです。

いくら「こういう観察結果がある」とか「こういう実験データがある」という事柄を列挙して

も、それだけでは「生物とは何か」という問いに答えたことにはならない。その問いに答えるには、そうした実証的なデータをさらに総合して、概念的に加工しなくてはなりません。

このときに必要となる概念の働きが、広い意味での哲学です。

つまり、哲学というのは概念をつかって考えることなのです。

逆にいえば、概念をつかって考えれば、すでにそれは哲学なのです。

えっ、それでいいの？と思われる読者の方もいるかもしれませんが、それでいいのです。ものごとの本質って意外とシンプルなんですよ。哲学の本質もシンプルなんです。概念をつかって考えることこそ、哲学の本質です。

したがって、「哲学とは何か」という問いには次のように答えることができるでしょう。

哲学とは、ものごとをとらえるために概念的に考えたり、概念を練り上げたり、新たに概念を創出したりする知的営みのことである、と。

そうである以上、哲学を一つの学問分野だと考えることは本来正しくない、ということになりますね。概念的に考えることは、どんな学問分野でも多かれ少なかれ実践していることですから。

哲学は、一つの学問分野である以前に、「知の営み」における特定の働きなのです。

私は哲学を特定の学問分野としてのみとらえることはあまり意味がないと思います。

たとえばカントを研究している大学の先生はたしかに「哲学研究者」であるかもしれません。

しかしそれだけでは「哲学者」とはいえません。やはり、概念をつかって考え、世界のなりたちを解明していくという知的実践をおこなうことではじめて「哲学者」といえるのです。

◈概念的に考えるとはどういうことか

この点からいうと、「……とは何か」という問いはきわめて哲学的な問いだということになります。「……とは何か」という問いには概念をつかって答えるしかありませんから。「生物とは何か」という問いにおいてもそうでしたね。

もちろん「……とは何か」と問えば、すべて哲学になるというわけではありません。哲学が概念的作業と切り離せないものである以上、やはりそこでは「概念的に答える」ということが求められるからです。

たとえば「国家とは何か」という問いに対して、「国家とは領土、主権、国民（人民）によってなりたっている政治共同体である」と答えたとしましょう。辞書などを開くと、だいたい同じようなことが書かれています。

しかしその答えで満足するならば、それは哲学とはいえません。

なぜならその答えは単に国家の構成要素を並べたにすぎないからです。実際、領土も主権も国民も、国家が存在するからこそ存在するものですよね。国家が存在するから国民も存在するわけで、その国民をつかって「国家とは何か」という問いに答えても、それは説明としては不十分です。事実、先ほどの答えを読んでも、あまり判然としませんよね。

では、どのように答えたら概念的に答えたことになるのでしょうか。

私たちが「国家とは何か」と問うときに知りたいのは、「そもそもなぜ国家なんていうものが社会のなかに存在しているのか」「どのような原理によって国家というものがなりたっているのか」ということです。ですから、「国家とは何か」という問いに哲学的に答えるには、そうした疑問を解明しなくてはなりません。つまり、「なぜ国家などというものが存在しているのか」ということを解明することこそ、概念的に考えるということなのです。

◈スピノザの「起成原因」とは

この点にかんして、17世紀の哲学者であるスピノザは、ものごとを定義するとはその起成原因をとらえることだと述べています。

いきなり「起成原因」なんていわれて面食らってしまうかもしれません。説明しましょう。ものごとを定義するとは、要するに「……とは何か」という問いに答えるということです。

その「……とは何か」という問いに答えるには「起成原因」をとらえなくてはならないと、スピノザはいっている。「起成原因」というのは、聞き慣れない言葉ですが、ものごとをなりたせている原因や原理のことを指しています。その原因や原理が働くことではじめて、そのものごとが存在し、またそのものごとのさまざまな特質が導きだされる、そうした原因・原理が「起成原因」です。

たとえば円を定義する場合を考えてみましょう。円を定義するとは、すなわち「円とは何か」を考えるということです。

スピノザによれば、円のなかにはたがいに等しい無限に多くの長方形が含まれますが、そうした性質によって円を定義することはできません。なぜならその性質は円が存在することによってはじめて存在する性質だからです。

では、円の定義はどのように考えられるべきでしょうか。

スピノザはいいます。それは、一端が固定され他端がうごく一つの直線によって描かれた空間である、と。

たがいに等しい無限に多くの長方形が含まれるという円の性質も、そうした直線の運動によって描かれた空間として円を考えることで、直接的に導かれるものである。こうスピノザは論じています。

その直線の運動こそ、円の「起成原因」にほかなりません。一端が固定され他端がうごく一つの直線の運動によって円ははじめて存立する。円を円としてうみだし、なりたたせている原理や運動をとらえることが円の「起成原因」をとらえることなのです。

少し難しいかもしれませんね。次のことさえ理解できれば十分です。

まず、ものごとを定義するとは、「……とは何か」という問いに答えることだということ。つぎに、その「……とは何か」という問いに答えるためには、それをなりたたせている働きや原理、すなわち「起成原因」をとらえなくてはならないということ。

国家が問題になるときも同じことがいえます。

国家を定義するということは「国家とは何か」という問いに答えるということです。そしてそのためには、国家というものをなりたたせている「起成原因」をとらえなくてはなりません。その場合の「起成原因」は、領土や主権、国民といった国家に付随する特質がそこから導きだされるような原因・原理でなくてはなりません。

私が著書『国家とはなにか』のなかで、国家を暴力の運動からとらえているのはそのためです。暴力、すなわち物理的な強制力の行使という単純な運動によって国家の存在はうみだされ、なりたっている。領土や主権、国民といったものも、その暴力の運動がさまざまな要素とむすびつくことでうみだされてくる特質です。

国家を定義するということは、国家というものがなぜ存在するのか、というその存在原理をどこまで言葉によって解明できるか、ということにほかなりません。学問的には、それをつうじてどのような理論を打ち立てられるか、そしてその理論がどこまで妥当性や汎用性をもつのか、が問題になります。こうした知的営みすべてを貫いていることこそ、概念的に思考するという実践なのです。

◈制度化された哲学をこえて、哲学すること

私たちが一般に知っている、学問の一分野としての哲学は、こうした概念による思考が純化され、制度化されたものにほかなりません。

それが時間のなかで継承され、再構成されたのが哲学史ですね。大学で哲学といえば、多くの場合、その哲学史を研究する学問だとされています。

これに対し、概念による思考という本質から哲学をとらえるなら、それはあらゆる学問分野に見いだされるものです。だから、人は知らず知らずのうちに哲学を実践していることだって十分ありうるのです。

この点でいうと、哲学には固有の対象というものがありません。あらゆるものが哲学の対象に

なりうるのです。

事実、これまで哲学はつねにほかの学問分野とむすびついたり、隣接学問の成果を積極的に取り入れたりすることで発展してきました。

たとえばアリストテレスは、形而上学だけでなく自然学も論じています。ライプニッツは「モナド（単子）」という概念で世界のなりたちを論じましたが、それは彼の微積分法の発見と切り離せません。社会問題や時の政治について論じている哲学者にいたっては枚挙にいとまがありません。

同様に、もし現在、自由の問題について哲学的に考えようとするなら、最新の認知科学によって提起されている疑問——たとえば自由意思といわれるものは本当に人間に備わっているのかという疑問——を避けて通ることはできません。

哲学は、アリストテレスの時代からクロスオーバーなものなのです。領域横断的、といってもいいでしょう。

じつはこうした領域横断性は哲学の大きな特徴です。

なぜそうした領域横断性を哲学が備えているのかといえば、それは「概念によってものごとのなりたちを解明する」という哲学の本質が、どんな知の領域に対しても適用されうるからです。

事実、どんな領域でも私たちは言葉をつかって考えますよね。そしてある対象や問題を把握しようとするときは、概念によってそれをまとめあげようとする。

そうした知的営みはどのような領域でもみいだされるものです。それが哲学の領域横断性をもたらします。

もう一つ、哲学の特徴としては「総体的」ということが挙げられます。

この「総体的である」という哲学の特徴は、哲学が概念によってある対象の知識をまとめあげようとする、という点からきています。「……とは何か」という問いに対する答えは、その対象に対する「総体的な」定義にならざるをえませんよね。

もちろん「総体的」といっても、哲学は決してほかの学問に対して優位にあるということではありません。そうではなく、哲学はできるだけものごとのトータルな把握をめざす、ということです。哲学的思考がなければ、あらゆる知識は断片的なものにとどまってしまうでしょう。

◆哲学はなぜ役に立つのか

こう考えてくると、哲学の授業で、たとえばカントやヘーゲルの思想をそのまま解説するのが果たしていいことなのか、疑わしくなってきます。

もっぱら哲学史を教えることで哲学を教えた気になっているとしたら、それは学者の怠慢でしょう。やはり哲学というからには、概念的に考えるということを学生たちのまえで実践してみせなくてはならない。

それに、「この哲学者はこう述べた」という知識はどうせすぐに忘れられてしまいます。単なる知識の羅列では、「それがなんの役に立つの？」という疑問を学生から投げかけられてしまうかもしれません。

この「哲学なんて役に立つの？」という問いは哲学に対してしばしば投げかけられる問いですね。哲学を大学で教える多くの学者たちもこの問いに悩まされてきました。

学者のなかには、この問いに対して「いや、哲学は実学と違って役に立たないからこそ価値があるのだ」と答える人が結構います。

はっきりいって、私はそういう人にはもう退場してほしいと思います。そんなことしかいえないのなら、学者の看板を下ろすべきでしょう。哲学もやめたほうがいいですね。

断言します。哲学というのは役に立つものです。

私たちが何かを「わかった！」と思うのは、物事の原理を概念的に飲み込めたときですよね。つまり哲学を実践すればするほど、ものごとを理解できるようになるのです。

いわゆる頭のいい人というのはどんな人なのかを考えてみてもいいかもしれません。頭のいい人というと、飲み込みが早い人だとか、頭の回転が速い人、状況をすばやく理解して的確な判断を下せる人、などを指しますよね。そうした人たちは、おしなべて概念的にものごとをとらえるのが上手な人たちです。いいかえると、より哲学を実践している人たちですね。

そう、哲学は頭をよくしてくれるのです。そして、ものごとをより明晰に理解させてくれるのです。

これこそ、哲学がもたらしてくれるもっとも大きな効用です。

哲学の本質は、言葉をつうじて思考し、概念によってものごとを把握することにある以上、こうした哲学の効用も考えてみれば当然のことかもしれません。というのも、言葉をつうじて思考し、概念によってものごとを把握するというのは、知性のもっとも基本的な営みですからね。

哲学を専門にするのなら、こういった哲学の効用を正面から論じるべきです。「無用の用」などと気取っている場合じゃないんですよ。

ただ問題は、大学の哲学研究者が、必ずしもいまいったような意味での頭のいい人とはかぎらないということなんですが。

あらためていうと、哲学とはものごとを概念的にとらえることをめざす知的実践です。

その知的実践の方法こそ、哲学者たらんとする私の方法にほかなりません。

本書では、そうした哲学の実践によって、この世界で起こっていることをとらえていきたいと思います。概念をつうじて考えると世界で起こっていることはどのように見えてくるのか。これが本書の中心的なテーマです。

（今回の副読本）

『権力の読みかた』
萱野稔人／青土社
権力関係のない社会はありえない——ミシェル・フーコーがこう説くように、社会は権力を土台に成り立っている。利権、暴力、ナショナリズムなど、現代社会の問題を権力論を通じて、概念的・理論的に読み解いていく。

（第2講）

ルールを制する者が世界を制す

◈ルールと哲学は密接につながっている

最初にルールと哲学の関係をとりあげましょう。

読者のなかには、なぜ哲学の議論のなかでルールが取りあげられるのか？と思われるかもしれません。

しかし、日本ではルールというものに対する認識がものすごく低く、それが国際社会における日本の外交力の弱さにつながっています。そしてそれは同時に、日本における「哲学の貧困」（カール・マルクス）とも無関係ではありません。

ここでいうルールとは、スポーツやゲームのルールから、法や制度に至るまで、あらゆる規則を指しています。つまり、特定の秩序を支える広い意味での取り決めのことですね。

重要なのは、そうしたルールの根底にはつねに概念の働きがある、ということです。すでに述べたように、哲学の本質は概念によってものごとをとらえる知的実践にあります。他方で、ルールの根底にも概念の働きがある。すなわち、概念をもちいて世界を秩序だてていくという点で、哲学とルールは密接につながっているのです。

◆ルールは強制されるものであるからこそ正当化を必要とする

ひとつ例を挙げましょう。

私が中学生だった1980年代前半は管理教育の全盛期で、学校にはワケのわからない校則がたくさんありました。もちろん校則もルールです。さらに、明文化された校則だけでなく、教師の裁量やそれまでの慣習によって規則として存在しているものもありました。

その中でもいまだに理不尽だと思うのは「部活の練習中に水を飲むな」という決まりです。かつて同じことを言われていた人は多いんじゃないでしょうか。

でも、極限状態でのサバイバル訓練ならいざ知らず、なぜ部活の練習中に水を飲んではいけないのでしょうか。練習中に水を飲むと疲れるから、というのがその理由でした。

しかし、当時からすでに、運動中は十分な水分をとらないと危険だしパフォーマンスも向上しない、ということは知られていました。水を飲むなという決まりは、「強くなる」という部活の目的に反するんですね。

にもかかわらず、その理不尽な決まりがまかり通っていたのです。

ここで問題なのは、合理的な根拠がまったく示されないまま、あるいはそれを無視して、水を飲むなというルールが強要されていたことです。

ルールを強要すること自体が問題なのではありません。

というのも、ルールはそもそも特定の秩序を支えるために取り決められるものなので、そこには強制のモメントが必ず含まれるからです。これは、あらゆる強制を拒もうとするアナーキストの集団内ですら当てはまることです。何のルールの強制もなく（暴れる人間は仲間に入れない、というルールの強制さえもなく）なりたっている集団は存在しません。

いいかえるなら、ルールには、それに従わない者に対するサンクション（制裁）がかならず含まれます。仲間はずれや集団からの排除というかたちであれ、サンクションはかならずある。

サンクション（制裁や処罰）が発動されることで、ルールの存在がはじめて示されるということもあるでしょう。たとえば、ある人の行動にみなが怒って、その人をグループから排除したことで、はじめてその行動は許されないことだというルールが示される、というように。

サンクションをともなうという点が、ルールとほかの規範を分けるのです。したがって、ルールを強制すること自体に問題があるのではありません。

ルールにおいて重要なのは、なぜこのルールに従わなくてはならないのか、そもそもなぜこのルールがあるのか、という根拠がちゃんと示されているかどうか、ということです。

「ちゃんと」というのは「概念的に」ということです。「概念的に」というのは、こういった科学的な知見があるから、とか、かつてこういった出来事があったから、といった根拠を言葉によってルールの存在とむすびつける、ということです。

それによってはじめて、なぜこのルールに従わなくてはならないのかが正当化されます。ルールが正当化されるには、それを根拠づける概念の働きが不可欠なのです。

◆ルールへの服従を自己目的化した、日本社会の弱さ

しかし日本社会では、そうした概念によるルールの正当化ということがまったく重視されていません。教育現場で理不尽な校則が数多く存在するのはそのためです。

そこでは、合理的な根拠にもとづいてルールが運用されるよりも、とにかくルールや決まりに服従させることが重視される。ルールへの服従が手段ではなく目的になっているんですね。

フランスの哲学者、ジル・ドゥルーズは『スピノザ　実践の哲学』のなかで、「どんな社会でもそのかなめとされているのは服従である」と述べています。

これでいえば、日本社会ではとくにその服従の契機が強く働いている。ルールなんだからとにかく従え、という圧力がとても強いんですね。

その圧力の強さは、ルールそのものを知的道具にしていこうという態度を吹きとばしてしまいます。ルールの正当化を軽視するということは、概念をつうじた知的活動を軽視するということにほかなりません。その意味で、まさにそれは「哲学の貧困」なのです。

しかしこうした「哲学の貧困」は、ルールを強要する人間の自己満足にはなりえても、日本社会にとっては何の利益にもなりません。

事実、これまで私たちは、ビジネスの分野でもスポーツの分野でも、何度となく欧米から不利なルールを押し付けられ、苦い思いを味わってきました。国際柔道やスキージャンプにおけるルール変更は、それが日本バッシングのためになされたかどうかは別にして、結果的に日本人選手が勝ちづらい状況をうみだしました。

経済の分野ではもっと露骨です。

たとえば、80年代末に国際決済銀行によって定められた「ＢＩＳ規制」では、国際業務をおこなう銀行は貸付総額のうち８％以上の自己資本をもたなくてはならないと定められました。つまり、銀行は国際業務をおこないたければ、自己資本の12・5倍までしか融資をできなくなってしまったんですね。

その規制の目的は、バブルで勢いづく日本の銀行を抑え込むことだったといわれています。

事実、これによって日本の銀行は、いわゆる貸し渋りや貸しはがしによって貸付を減らさざるをえなくなりました。もともと日本の銀行は、預金をたくさん集めて、その預金を元に自己資本の12・5倍をはるかにこえる融資をおこなっていたからです。結果、日本のバブルは崩壊し、日本の銀行は多額の不良債権を抱え、当時21行あった都市銀行も3行になってしまいました。

しかし、こうした不利なルールの押し付けに対して「日本バッシングだ」と不満をぶつけても何もはじまりません。

なぜなら、不利なルールをなくすには、自分もそのルール策定に積極的に参加して、ルールそのものを変更するしかないからです。国際的なルール策定において欧米と伍していくのでないかぎり、つねに欧米にとって有利なルールのもとで日本は勝負しなくてはなりません。

「哲学の貧困」を抱える日本にそれができるでしょうか？

欧米諸国はもともと国際的なルール策定にとても熱心です。なぜならそれが自分たちに利益をもたらしてくれることを知っているからです。

ルール策定の段階からすでに勝負は始まっている。

これが欧米におけるルール観にほかなりません。

◆ルール策定とは概念をめぐる闘争である

見落としてはいけないのは、その際、欧米諸国は概念によってルールを根拠づけるところから始めてくる、ということです。なぜこのルールなのかということを理論的な根拠のレベルから正当化してくる、といってもいいでしょう。

日本も国際的なルール策定に積極的に加わりたければ、それに対抗しなくてはいけません。先の「BIS規制」のときだって、突然「8%以上の自己資本」という規定がでてきたわけではありません。「貸付は銀行にとって短期の負債である」という概念のもとで、その規定はだされてきたのです。

つまり、ルールの策定には概念をめぐる闘争が不可欠なのです。

現代の国際社会におけるこうした事態をいち早く認識していたのは、ドイツの法哲学者、カール・シュミットです。

シュミットはナチ政権に協力した法哲学者ということで、日本での評判はあまりよくありません。しかし逆にいえば、ナチ政権に加担して英米に対抗しようとしたからこそ、シュミットは、英米がみずからの世界的なヘゲモニー（覇権）を確立するためにどのように国際的なルールを活用しているのかを、身をもって認識することができたのです。

実際、シュミットがおもに活躍した20世紀前半の時代というのは、ちょうどイギリスからアメリカへと世界資本主義のヘゲモニーが移っていく時代でした。ドイツは、その覇権を手に入れようと、イギリスのヘゲモニーに挑戦した最大の覇権対抗国でした。それを具体化したのが、二度にわたる世界大戦です。両大戦におけるドイツの敗北は、その挑戦が失敗したことを示しています。

その過程でシュミットは、事あるごとに「政治とは概念をめぐる闘争であり、覇権国は単に力だけで勝っているのではない」ということを強調しています。

シュミットによれば、国際社会における真の主権者（つまり覇権国）とは、みずからが掲げる概念にもとづいて何が法的秩序として正常なのかを決定できるものにほかなりません。たとえば、他国がやれば「侵略」となるようなことでも、自国がやるときには「国際平和の維持」や「自国の防衛」として正当化できる、というようにです。

グローバル化がすすむ現在、こうした国際的なルール策定はますます重要性を増しています。なぜEUが環境規制に熱心で、そのなかでもイギリスがいち早く温室効果ガスの排出量取引市場を整備してきたのか。そのことの意味をよく考えなくてはいけません。

こうした時代においてもなお、日本には、ルールに従わせることを自己目的化する教育現場の責任者や政治家がたくさんいます。彼らはどれほど口では日本のためといっていても、結局は国益に反する存在でしかないのです。

（今回の副読本）

『政治神学』

カール・シュミット／未来社

「主権者とは、例外状況にかんして決定をくだす者をいう」――あまりにも有名な冒頭の一文。ナチス政権下のベルリン大学で教鞭をふるったシュミットによる、自由主義、議会民主主義批判の書。

（第3講）

グローバリゼーションのもとでも消滅しない国家権力の本質とは？

◈グローバル化によっても消滅しなかった国家

私が権力というものについて考えるようになったのは、もともと国家の問題をつうじてでした。私が学生だった90年代は、まさに国家批判やナショナリズム批判がさかんな時代で、人文思想の世界にいる人たちは、それこそ「猫も杓子も国家批判」という状態でした。

そんななかでよくいわれていたのは、「このままグローバル化が進めば、国境の壁は低くなり、国家はそのうち消滅していくだろう」ということです。グローバル化によってヒト・モノ・カネが国境を越えてどんどん移動するようになれば、国家はその動きに飲まれてなくなってしまうだろう、というわけです。

国家に頼らず、人びとの自律的なつながりで社会をつくることをめざすアソシエーション論や、国家の機能をすべて市場にまかせようとする国家民営化論がでてきたのもこの頃です。こうした知的傾向は2000年代前半まで続きました。

しかし、当時とは比べものにならないほどグローバル化が進展した現在からみると、こうした国家消滅論はまったく的を外していたことがわかります。

グローバル化によって国家は消滅するどころか、相変わらず国際社会の主要なアクターでありつづけている。さらに新興国においては、グローバリゼーションのもとで経済成長を牽引する重要なファクターにさえ国家はなっています。

こうした状況をまえに、当時あれほど「国家は消滅する」とうそぶいていた研究者や思想家たちはどこかに消えてしまいました。国家が消滅するまえに自分たちが消滅してしまったんですね。いま振り返ると本当に驚いてしまいます。国家消滅論が当時の日本の人文思想界でももっていた支配力というのは、それはもうすごいものでしたから。

それが、ちょっと時代状況が変化しただけでたちまちに雲散霧消してしまった。日本の人文思想界のダメなところです。すぐに付和雷同し、安易な発想に流され、その後の検証はまったくおこなわれない。

まあそれは置いておきましょう。ここで考えたいのは、なぜ国家はなくならないのか、という問題です。

◈国家権力とは何か

この問題を考えるために、まずは国家権力とはそもそも何なのかということを押さえておきましょう。

「国家権力」なんていうとものすごく仰々しく感じるかもしれません。しかし、その仕組みはいたってシンプルです。

たとえば私たちは法律に違反して人を傷つけたりモノを奪ったりしたら逮捕されますよね。逮捕する、とは要するに人を強制的に拘束するということです。さらにその後、裁判で有罪になれば、刑務所に拘禁されたり、最悪の場合、死刑になってしまうかもしれません。

法律の背後にはこうした物理的な強制力、すなわち暴力があります。「物理的」というのはつまり、身体を拘束したり、身体を痛めたりと、身体に直接作用するということです。そうした物理的な強制力が働くからこそ、法は社会のなかで機能しているんですね。

国家権力といわれるものはこの物理的な強制力と法律の組み合わせによってなりたっています。法律というかたちで人びとに「やってはいけない行為」「(納税のように)やるべき行為」を命令し、それに従わない人間は物理的な強制力によって処罰する。それが国家権力です。

私たちがなぜ国家の命令に（従いたくないときですら）従うのかといえば、最終的にはこうした強制力によって処罰されるのが嫌だからですね。

もちろん法律の内容が正しいと思うから自発的にそれに従うということも多々あるでしょう。しかしその場合ですら、私たちには「法律に従わない自由」というものはありません。実際、法律に従わなければたちまち強制的に処罰されてしまいますから。

法律に自発的に従おうが、いやいや従おうが、結果的にそれが強制されている（法律に従わない自由はない）ということは変わらないのです。

要するに、国家権力といっても、その基本的な仕組みは、物理的な強制力を背景に相手をこちらの意志に従わせる、というどこにでもあるものなんですよ。

たしかに、国家の場合はそれが法律にもとづいておこなわれます。その「法律にもとづく」という点こそ、国家権力の一番の特徴です。

しかし、どうやって命令に従わせるかという仕組みだけをみるならば、本当にそれはどこにでも生じうるシンプルなものなのです。だってそれは「痛い目に遭いたくなければ、おとなしくいうことを聞け」ということですからね。

この権力の仕組みは、かつて家長が子どもたちに対してもっていた権力（生殺与奪の権力）と同じものであり、現在でもヤクザなどがもちいようとする権力と同じものです。

国家は、こうしたどこにでもある権力が制度化され、法によって根拠づけられ、社会のあらゆる領域へと覆いかぶさることで成立しました。

だから、グローバル化によって国家がなくならないのも当然です。国家はどこにでもありうる権力のうえに存在している以上、それが崩壊したり機能しなくなったりすれば、そこには別の似たような権力が生まれるだけだからです。

既存の国家の枠組みをこえるようなグローバルな動きが生じているからといって、それを国家そのものの消滅だと考えるのは、完全に早とちりです。法によって何かを強制する権力はどこまでもその動きを追っていくわけですから。

◈権力源泉から権力を考える

こうした権力のあり方をもう少し理論的に考えてみましょう。

ドイツの社会学者、マックス・ウェーバーは権力を次のように定義しています。

「権力」とは、或る社会的関係の内部で抵抗を排してまで自己の意志を貫徹するすべての可能性を意味し、この可能性が何に基づくかは問うところではない（『社会学の根本概念』）。

少しわかりづらいかもしれません。学問的な厳密性を追求した文章なので、それも仕方がないですね。

簡単に説明すると、「抵抗を排してまで」というのは「相手が嫌だと思っても」ということです。「自己の意志を貫徹する」というのは「相手をこちらの意志に従わせる」ということです。要するに、ここでウェーバーが述べているのは、相手が嫌だと思ってもこちらのいうことに従わせることを可能にするのが権力だ、ということです。

それほど難しいことを述べているわけではないんですね。

ポイントは、ウェーバーがここで「この可能性が何に基づくかは問うところではない」と述べているところです。

つまり、相手の抵抗を排してまで自己の意志を貫徹することができれば、それが何にもとづいていようとすべて権力だ、ということです。

たとえば大学の教員である私は、遊びたいと思っている学生たちの抵抗を排してレポートを書かせることができますが、それも権力だということです。あるいは、上司が部下の意向に反して残業させることができるのも権力ですね。

では、なぜ私は学生にレポートを書かせる権力をもっているのでしょうか。それは私が学生たちの成績をつける権限をもっているからです。同様に、なぜ上司が部下に残業させることができるのかといえば、その上司が指揮権や勤務評定権をもっているからです。

そうした権限を「権力源泉」といいます。相手をこちらに従わせる可能性がよってたつところのもの、それが権力源泉です。

もちろんその権力源泉は明確に定められた権限のようなものでなくてもかまいません。ある人が恋人に嫌われたくないから恋人の理不尽な要求にも従ってしまうという場合、その人に「嫌われるかもしれない、でもそれは嫌だ」と思わせてしまう恋人の存在やふるまいも権力源泉になります。

先の引用でウェーバーが「この可能性が何に基づくかは問うところではない」と述べているように、権力源泉にはさまざまなものがありえるのです。

ただし重要なのは、その権力源泉が何かということによって権力の性質も変わってくるということです。

私が学生にレポートを書かせる場合の権力源泉は「学生たちの成績をつける権限」なので、私の権力は自分の学生に対してのみ、それも成績評価にかかわること（授業への出席やレポートの提出など）しか命じることができません。自分の学生以外の人には私のその権力はおよびませんし、また自分の学生に対してもそれ以上のことを命じようとすれば（たとえば一緒にお酒を飲むことを命じようとすれば）、それは職権乱用となり、セクハラもしくはアカハラ（アカデミック・ハラスメント）として私のほうが処罰されてしまいます。

権力源泉は権力を生み出してくれますが、同時にその権力の範囲を制限してしまうんですね。権力源泉がどんなものかということで、その権力の範囲も決まってくるのです。

◆文脈自由な国家権力

では、その権力源泉から国家権力を考えると、どんなことがいえるでしょうか。

国家権力の権力源泉はすでに述べたように物理的強制力（暴力）です。したがって国家権力は、物理的強制力によって逮捕されたり処罰されたりしたくない人すべてに対しておよぶことができますし、なおかつあらゆる事柄についてもおよぶことができる。誰もが嫌がる物理的強制力の行使にもとづくことによって、ひじょうに広い範囲で権力を発揮することができるんですね。

ここに国家権力の特徴があります。

国家権力は物理的強制力（暴力）という権力源泉に依拠することで、それ以外の権力における さまざまな制限を取っ払うことができるのです。あらゆる権力のなかでもっとも「文脈自由」であるという点こそ、国家権力の特徴です。だからこそ、国家権力はさまざまな権力の上位に君臨する「至上の権力（すなわち主権）」となることもできるんですね。

もちろん、だからといって国家権力は人びとにどんなことでも命じることができるというわけではありません。「こんなひどい命令に従うぐらいなら、国家の暴力に対抗したほうがいい」と人びとが思ってしまうようなことは、国家といえども命じることはできません。

その意味で、人びとの秩序意識にうまく根差さなければ、どんなに強大な暴力をたくわえた国家といえども権力を安定化させることはできないし、そもそも強大な物理的強制力を組織することすらできません。これは、物理的暴力という手段の重要性を説いたと一般には思われている、イタリアの政治思想家、マキャヴェリがじつは強調していたことでした。

◈市場と国家の関係とは

最後に一言、市場と国家の関係にも触れておきましょう。

２００８年のリーマン・ショックのあと、あれほど市場への国家の介入を批判していたアメリカの金融機関に莫大な公的資金が注入されました。国家の介入を批判していた金融機関が、危機のときは国家によって助けられるほかなかったというのは矛盾していますよね。

しかしこれはじつは矛盾でも何でもありません。というのも市場は、実際には市場だけで完結しているのではないからです。２００８年の金融危機が示したのは、市場は市場だけではみずからのリスクを抱えきれない、ということでした。市場は、国家の力を借りなければ、信用不安に端を発した市場の機能不全を克服することができないのです。

では、その国家の力とは何でしょうか。

それは、国家が市場の論理とは異なる方法でお金を調達できるということです。すなわち徴税ですね。

徴税とは、国家が強制的にお金を徴収するシステムです。ここでも私たちには税金を支払わないという選択肢はありません。たとえ私たちがみずから進んで税金を納めていたとしても、それは同じです。納めるべき税金を支払っていないことが発覚すれば処罰されてしまうだけですから。どれほど私たちが喜んで（あるいは税金の意義に心から同意して）税金を支払っているとしても、そこには「税金を支払わない自由」はないのです。

他方、市場ではこのように強制的にお金が徴収されるということはありません。そんなことをすればすぐに国家によって取り締まられてしまうでしょう。市場とは、あくまでも当事者同士の合意にもとづいてお金とモノがやりとりされる空間です。

国家とは、徴税によって、市場の論理とは異なる方法でお金を調達できる唯一の存在です。他の組織や個人が同じようなことをすれば、それは法律違反ということで処罰されてしまう。社会のなかで国家だけが強制的にお金を徴収することができる。

では、なぜ国家はそのように市場の論理とは異なる方法でお金を調達できるのでしょうか。それは法律にもとづいた物理的強制力を権力源泉としているからです。

市場はそうした、非市場的にお金を調達できる存在（国家）に支えられることで初めて存立しています。市場が成立するためには非市場的な外部が必要なんですね。資本主義は決して市場だけで完結しているのではありません。

これもグローバル化によって国家がなくならない理由のひとつです。


（今回の副読本）

『社会学の根本概念』
マックス・ウェーバー／岩波文庫
現代社会学の祖・ウェーバーが、社会的行為のさまざまな概念の定義づけを試みた論文。ウェーバーの死後に出版された小著だが、彼の社会学に関する根本的な考えを理解するために重要な書とされている。

（第4講）

市場が拡大しない「成熟社会」で経済を活性化させる知的戦略とは？

◈「成熟社会」といわれるけれど

このところ「成熟社会」という言葉をよく耳にするようになりました。「成熟社会」というのは、一言でいえば経済が成熟した社会のことです。つまり、経済成長によって電気製品や自動車、住宅といった耐久消費財が社会のなかに広く行き渡り、経済がなかなか成長しなくなった社会のことです。人間でも成長期が終わって成熟期に入ると（身体的な）成長が止まってしまうのと同じです。

具体的な数字でみてみましょう。

たとえば現在の日本の総世帯数は5245万世帯あります。これに対して住宅総数は6063

万戸あります（総務省 平成25（２０１３）年 住宅・土地統計調査より）。単純計算すると、総世帯数に対して８１８万戸も住宅が余ってしまっているんですね。これでは住宅市場はこれ以上拡大できません。

もちろん今後は非婚化や高齢化によって単身世帯の数が増えるので、総世帯数はもしかしたら若干増加するかもしれません。しかし、少子化によって人口そのものは減少していきますし、すでに都市化は１９７０年代に終了しているので農村からの人口流入もほとんどありません。

日本には大手の住宅メーカーやマンション分譲のディベロッパー、さらには町の工務店まで、さまざまな業者が住宅の建設に携わっています。それらの業者はこの拡大しない市場のなかでなんとか需要を開拓し、シェアを伸ばし、業績を上げていくしかありません。

ついでにいえば、住宅が余っているこのような状況では、賃貸住宅業界でも貸し手は空室率の高さに悩むことになり、完全に借り手が優位になります。最近、敷金や礼金をかつてのように二ヶ月分とらない貸し手が増えましたが、それも、借り手が優位になりつつある市場の状況を反映しています。

◆成熟社会では市場が拡大しにくくなる

成熟社会ではこのようにモノの供給が市場の規模を上まわってしまいます。

こうした成熟社会に対してはしばしば次のようなことが言われます。すなわち、成熟社会ではモノがあふれるため、物質によって満たされる人間の欲求は飽和化してしまい、人びとは人間関係の充実や他者からの承認、自然との調和といった精神的な価値をより重視するようになる、と。

本当にそうなのか、議論の分かれるところですが、ただ少なくとも、少子化によって人口が減っていくことで（とりわけ現役世代の人口が減っていくことで）、市場が拡大しにくくなることは確かです。市場が拡大しなければ、経済成長も頭打ちになりやすい。

高度経済成長の時代には、冷蔵庫や洗濯機、自動車といった新しい耐久消費財が次々と登場することで市場が拡大しただけでなく、第一次ベビーブームで生まれた団塊の世代（１９４７～49年生まれの世代）の存在などによって現役世代の人口が大きく増加し、経済が急成長していきました。しかしいまや、そうした時代は完全に過去のものになってしまったわけですね。

事実、現役世代の人口が減りはじめた90年代後半以降、日本のＧＤＰ（名目）はほとんど拡大していません。これは、１９６０年代のＧＤＰ（同）成長率が平均で10％以上あったことを考えると、まったく別の経済的現実に現代の日本社会は直面していることを意味しています。

◆「成熟社会」というとらえ方は妥当なのか？

成熟社会というと、どうしても経済が「成長」したあとの「成熟」の段階という意味がまとわりついてしまい、「もう経済成長をめざす時代ではない」とか「物質的な価値ではなく精神的な価値を追求すべきだ」といった議論がなされがちです。

しかしそうした議論は、「精神的な価値」を経済の目標に据えることからもわかるように、ひじょうに観念的で、ほとんど決着がつかないものです。何をもって経済が「成熟」したと考えるのかという点もあいまいです（たとえば成熟社会では市場の規模よりモノの供給が上まわるといっても、総世帯数に対して家事援助ロボットはまだまだ普及していません）。

ですので、私は「成熟社会」という言い方はあまり好ましいものとは考えていません。経済成長をめざすべきかどうかという問題についても、経済成長をめざすべきではないという意見は――せいぜい個人の心情の吐露という意味以外では――なりたたないでしょう。

というのも、少子高齢化のもとでは否が応でも、働いて税負担をする人の割合が減り、年金や医療費など、財政支出によって生活を支えなくてはならない人の割合が増えますので、経済成長がなされなければ財政赤字が拡大し、政府の債務が累積してしまうからです。その累積した政府債務は将来世代が返済していかなくてはなりません。それは将来世代に無理やりツケを回すことであり、決して正当化されえないでしょう。

いまの少子高齢化のもとでますます重くのしかかる社会保障費をまかなっていくためには、経済のパイをできるだけ大きくしていかなくてはならないのです。「経済成長はいらない、そんなものはめざすべきではない」といっている人は学者も含めてたくさんいますが、そういう人たちは社会保障制度が破綻してもいいと思っているのでしょうか。そんなことはないでしょう。

では、「成熟」というとらえ方をしないのであれば、いまの経済的現実をどうとらえたらいいのでしょうか。私はシンプルに、人口動態などの理由によって市場や経済規模が拡大しにくくなった社会だととらえるべきだと考えます。

◈慢性的な需要不足に悩まされる社会

市場が拡大しにくくなった社会では必然的に供給過剰の状態におちいります。市場が拡大しにくくなってモノが売れなくなっても、企業はモノの価格を下げるなどして何とかモノを売ろうとする、すなわち生産性を高めようとしますから。

要するにそこでは、生産性が上がっていろいろなモノの供給は増えても市場は拡大しないので、その供給を吸収してくれる需要が足りなくなってしまうんですね。

現に日本ではリーマン・ショック以降、アメリカへの輸出量が低下してしまい、需要ギャップが過去最悪の水準で推移し、金額でいうと20数兆～40数兆円もの需要不足が生じました。

もちろんこの生産力過剰の状態は決して喜ばしいものではありません。

まず、労働力が余ってしまい、慢性的な失業問題に悩まされます。生産力が過剰だ（余っている）ということは、労働力が余っているということですね。リーマン・ショック以降の若者の就職難はそれを正確に反映していました。

さらに、企業はモノがなかなか売れませんから商品の価格をどんどん下げざるをえなくなります。価格を下げるためにはどこかでコストカットをしなくてはなりません。コストをカットするということは賃金を下げるということです。その際、自社の社員の賃金を下げることもあれば、下請けの納入価格を下げて、間接的に下請け企業の労働者の賃金を下げることもあります。

賃金が下がるとどうなるでしょうか。国民の購買力が低下し、モノが売れなくなり、より価格低下への圧力がかかるのです。いわゆるデフレスパイラルですね。

◆供給過剰をどう解消するか

したがって問題は、この供給過剰の状態をどう解消するかということです。

これまで、政府による経済政策といえば、もっぱら「どうやったらもっと生産性を高めることができるか」ということばかりが考えられてきました。しかし、市場がなかなか拡大していかないこれからの時代では、そうした視点だけでは不十分です。いくら生産性を高めても、それを吸収してくれる需要（つまり生産されたモノをどんどん買ってくれる人びとの存在）がなければ、経済成長にはむすびつかないからです。生産性を高めると同時に、それを吸収できるような需要の拡大をもたらす経済政策が考えられないといけません。

とはいえ、それは決して簡単なことではありません。

かつてなら需要を拡大するためには政府が景気対策として公共事業を増やせばよかったのですが、慢性的で厳しい財政難がつづく現代ではそれも難しくなってしまいました。

たしかにいまでも政府が公共事業を増やせば、いろんなところで建物やインフラの建設が増えますから、その分だけ社会全体の需要も増えるには増えます。しかし財政難のもとではその分だけ政府の借金も増えてしまい、将来世代の負担がより重くなってしまいます。公共事業もやりつくされて借金だけが残ってしまった将来世代の経済はさらに厳しいものとならざるをえません。一時的に景気対策として公共事業を増やしても、経済の持続可能性を損ねてしまいかねないのです。

では、どうしたら需要を拡大することができるでしょうか。

ひとつには国民全体の総賃金を増やすことがあげられます。国民全体の総賃金が増えればそれだけ国民全体の購買力も増大しますから、需要も拡大するでしょう。

国民全体の総賃金を増やすには、個々人の給料を上げるという方法と、お金を稼ぐ人の数（労働人口など）を増やすという方法の二つがあります。女性の社会進出をできるだけうながし経済を活性化しよう、というのは後者の方法に入りますね。

もちろんこれだって難しいことには変わりありません。企業は利益を追求する組織である以上、できるだけ賃金を抑えて利益を拡大しようとしますから。とりわけ市場が拡大せず、モノがなかなか売れない状況では、賃金を上げようとする企業はなかなかでてきません。

ただ、短期的な利益の確保のために企業が賃金を抑えつづければ、長期的には日本の経済にょり強い縮小圧力をかけてしまうことになるのは確かです。できるだけ労働者の賃金をあげることは、国民の購買力の向上をもたらすことによって、回りまわって自社の利益にもつながっていくんですね。

◆ルールが市場を創出するという可能性

ほかにも需要の拡大のために考えられるべきは、ルールによる需要の創出ということです。

どういうことでしょうか。少し古いですがマスキー法を例にしましょう。

１９７０年にアメリカで大気浄化法が大幅に改正されました。それは世界一厳しい自動車排ガス規制を定めた内容で、通称でマスキー法と呼ばれています。

あまりにその排ガス規制が厳しかったため、アメリカの自動車業界は激しく反発し、結局それは実施されずに廃案になりました。これに対して日本の自動車メーカーは、その時点ですでにマスキー法の排ガス規制をクリアするような技術をもっていました。ただ、それまではその技術に市場価値を与えてくれるような回路がなかったので、表に出てこなかっただけだったのです。

まずはホンダがＣＶＣＣというエンジンを開発して、マスキー法をクリア。その後も、日本の自動車メーカーがつぎつぎとマスキー法をクリアしていきました。それ以降、日本の自動車は低公害で低燃費ということでアメリカでの販売台数を大幅に増やしていったのです。

まさにマスキー法という環境ルールが技術に対する需要を新たに創りだしたんですね。そしてそのルールが、日本の自動車メーカーがもっていた技術に新しい価値を与え、70年代以降の日本の自動車産業の強さを支えたのです。

市場が拡大していかない社会では、手をこまねいていたらなかなか需要は大きくなりません。もちろん個々の企業は何とか需要を喚起しようとさまざまな商品や技術の開発に努力していますが、それを後押しするような「ルールによる需要の創出」はもっと考えられるべきでしょう。

これまでルールは単なる「規制」として、自由な経済活動を阻害するものとばかり考えられてきました。いまでも「経済成長のためにはさらなる規制緩和が必要だ」といわれますよね。

しかしそうしたルールのとらえ方だけでは、今後は経済を活性化することはできません。市場そのものを創出するものとしてルールをとらえなくてはならないのです。技術の市場価値を高めたり、新しい産業を育成したりするビジネスチャンスの基盤としてルールを考えるということです。

そうなると、ここでもどのようにルールを定めるかという知的戦略が決定的に重要になってきます。すでに第2講で論じたように、その知的戦略は哲学とも無縁ではありません。ルールの策定には概念の働きが必要不可欠だからです。

なぜEUが世界に先駆けて独自の厳しい環境規制をつくろうとしているのか、その理由をやはり考えなくてはなりません。なぜイギリスが二酸化炭素の排出権取引市場をいち早く整備しようとしてきたのかを考えなくてはいけないのです。

市場とルールの関係が決定的に変わりつつあるのです。

（今回の副読本）

『デフレーション――″日本の慢性病″の全貌を解明する』

吉川洋／日本経済新聞出版社

マクロ経済学研究の第一人者による現代デフレ論。過去のデフレ分析から金融緩和ではデフレ脱却はできないと主張。日本のデフレは賃金低下が原因とし、脱却のために需要創出型イノベーションの必要性を論じた。

（第5講）

レアアース禁輸措置からみえる世界経済の逆説

◈中国によるレアアースの禁輸措置は果たして有効なのか

２０１０年秋に中国によってなされたレアアースの事実上の禁輸措置は日本に大きな衝撃を与えました。今回は、このレアアース禁輸措置からみえてくる世界経済の動きについて考えたいと思います。レアアースという鉱物資源も決して哲学的考察と無関係ではありません。

レアアース（希土類）とは液晶テレビやハイブリッド車などの製造に欠かせないレアメタルの一種で、日本はその9割を中国からの輸入に頼っています。いわばそれは日本のハイテク産業を支えている生命線なんですね。その希少資源を中国が禁輸したわけですから、事態は深刻です。

きっかけは尖閣諸島問題でした。

２０１０年9月7日、尖閣諸島沖で中国漁船が海上保安庁の巡視船に衝突し、その中国漁船の船長が翌日逮捕されました。中国でレアアースの輸出が止められたのは、その船長の勾留延長が決まった9月19日の翌日あたりからです。つまり中国は、日本が喉から手が出るほど必要としている資源を、尖閣諸島問題をめぐる政治的な武器に使ったということです。

問題は、この「資源を政治的武器として使用すること」の有効性です。

一見すると、中国のこの戦略は功を奏したようにみえます。9月25日に船長は処分保留のまま釈放され、チャーター機で帰国していったわけですから。事実、中国では船長は英雄のように迎えられ、日本政府が中国の圧力に屈したことを祝うような報道が盛んになされました。

しかし中期的に見ると、中国のやり方は必ずしも有効ではありません。それは中国にとって自らの首を絞めることになりかねない、危険なものですらありました。

１９７3年の第一次オイルショックを思い出しましょう。

このときは、第四次中東戦争でアメリカやオランダがイスラエルを支持したことに反発して、アラブ産油国が両国に石油禁輸措置をとったことが事のきっかけでした。つまりアラブ産油国は石油を政治的武器として使用しようとしたわけですね。

しかしこのやり方はうまくいきませんでした。というのも、市場原理をつうじて石油が再分配されたため、アラブ産油国は特定の国だけに圧力をかけることができず、結果的にすべての石油消費国を混乱させてしまい、アラブ産油国への信頼を逆に損ねてしまったからです。

これと同じことが今回にも当てはまります。

中国はレアアースを政治的武器に使うことで、「中国は国際社会の常識に従わない異常な国である」という警戒感を全世界に印象づけてしまいました。たとえば、南沙諸島の領有権問題で中国と対立するASEAN諸国は、中国の覇権的な振る舞いを警戒してアメリカとの軍事協力を深め、2010年10月上旬に行われたASEM（アジア欧州会合）では、アメリカや日本と同じ側に立つことを明確にしました。これは明らかに中国外交の失敗です。

◆オイルショックによって石油が市況商品化したという逆説

では、レアアースの禁輸措置は経済的にはどのような帰結をもたらしうるでしょうか。

それを知るためには、オイルショックをもう少し大きな歴史的スパンでとらえておくことが必要です。

オイルショックはアラブ産油国が独自に原油価格をコントロールし、禁輸措置を取ろうとしたことで引き起こされましたが、そもそもなぜアラブ産油国にそれらのことが可能になったのかといえば、50〜60年代にかけてアラブ産油国が植民地支配から独立し、資源ナショナリズムをつうじて自らの領土内にある油田資産を国有化したからです。

それまでは、石油メジャーといわれる、イギリスやアメリカの国際石油資本が事実上の国際カルテルを形成し、世界の石油を支配していました。しかし、産油国の資源ナショナリズムによって石油メジャーは中東での権益を失い、その後はＯＰＥＣ（石油輸出国機構）がカルテルを敷いて原油価格を取り仕切るようになったのです。

その結果、中東産油国の発言力が増し、70年代をとおして2度のオイルショックが起こったということです。

ただし重要なのはその後です。

石油の価格決定権を失ったアメリカやイギリスは、その価格決定権を取り戻すべく、石油を先物市場の金融商品にしてしまいました。たとえばアメリカは83年に、テキサス産のＷＴＩ原油の先物をニューヨーク商品取引所（ＮＹＭＥＸ）に上場しています。

これによって石油の価格決定システムはＯＰＥＣの手から離れ、市場化されることになりました。つまり石油価格は、生産者から消費者、そして投資家までもが参加する非人称的な市場システムによって決定されるようになったのです。

そこにはもはや石油価格を独自にコントロールできるような政治的主体というのは存在しません。

また、2度のオイルショックによる原油価格の高騰を受けて、中東以外の地域でも原油採掘が活性化するようになりました。原油価格が高騰したため、たとえ採掘コストが多少高くてもビジネスとして成立するようになったのです。これによって国際石油市場もよりグローバルに整備されていきました。

こうした動きをつうじて、石油は、産油国が領土のなかに囲い込んで政治的にもちいることができる戦略物資ではなくなり、国際石油市場のもとで価格が決定される市況商品へと、いわば「脱領土化」（ドゥルーズ＝ガタリ『千のプラトー』）されたのです。

◈レアアースは不可避的に「脱領土化」される

おそらくレアアースも今後、中期的には石油と同じような道をたどるでしょう。

まず、中国の輸出制限はレアアースの価格を高騰させ、世界各地でレアアースの鉱山開発ブームを巻き起こしました。

アメリカでは、かつて世界最大のレアアース鉱山だったマウンテンパス鉱山での操業が再開されることになりました。日本もベトナムと共同でドンパオ鉱床の新規開発に乗り出すことに合意しました。オーストラリアやデンマーク領グリーンランドでも開発計画が進行しました。

こうした動きによって、これまで世界のレアアースの95%以上を生産してきた中国のシェアは低下し、生産地の多極化が進んでいったのです。

その一方で、日本やドイツのようなレアアース消費国では、代替品の開発やリサイクル技術の開発が活発化し、ちょうど70年代に日本で省エネ技術が発達したように、レアアースへの依存度自体が低下していくでしょう。

もちろん、これらの動きはすぐに実を結ぶわけではありません。

しかし、米国務省のキャンベル次官補（当時）が2010年10月26日の会見で中国を牽制しながら、アメリカはレアアースという重要物質が「開かれた自由な市場で取引されることを望んでいる」と述べたように、レアアースの「脱領土化」は不可避的な流れになっていくでしょう。

◈レアアースの禁輸措置に踏み切った中国のジレンマ

では、なぜ中国は自国の優位性を揺るがしてしまうような禁輸措置を取ったのでしょうか。理由は大きくいって2つあります。

ひとつは、レアアースの製造や加工の技術を中国国内に移転させるためです。中国は現在、希少資源であるレアアースが安価で国外に流出していることに強い危機感をもっています。その流出を止め、国内にレアアースを活用するハイテク産業を育成するために、レアアースに輸出制限をかけることで外国企業にハイテク産業の合弁会社を中国国内につくらせようということです。

もうひとつの理由は国内のナショナリズムです。

今回の中国政府の強硬な措置が、国内のナショナリズムに押されて出てきたものだというのは言をまたないでしょう。

しかしここで強調しておきたいのは、そうした強硬なナショナリズムがかえって中国の国益を損ねてしまうという逆説です。それは、中国に対する世界的な警戒感を強め、レアアースの「脱領土化」を推し進めてしまうだけではありません。さらに、国内のナショナリズム世論の突き上げは、中国指導部がとりうる外交政策のオプションをどんどん狭めてしまっています。中国政府が民主化政策によって国内のナショナリズムを軟着陸させないかぎり、こうした逆説的な状況は今後もつづくでしょう。

（今回の副読本）

『超マクロ展望 世界経済の真実』

水野和夫、萱野稔人／集英社新書

世界は今、400年に一度という資本主義そのものの転換期にある——本書の著者と注目のエコノミストが、世界経済危機の原因を資本主義の根源から読み解き、現在の低成長化社会が抱える問題を語る。

（第6講）

中国の民主化運動と反日ナショナリズムのねじれた関係

◆中国の外交は本当に勝利したのか

尖閣諸島沖で2010年9月に起きた中国漁船衝突事件では、起訴前に中国漁船の船長が釈放されたことで、「中国外交の勝利」ということがさかんに中国メディアによって報道されました。それを受けて日本でも、政府の外交姿勢を批判する論調が強まり、その過程で海上保安官による衝突ビデオの流出事件まで起きました。

しかし、前講でも述べたように、この衝突事件がどこまで「中国外交の勝利」だったのかについては疑問の余地が大いにあります。今回はそれをナショナリズムの問題をつうじて考えてみたいと思います。

「中国外交の勝利」という点については、たしかに、起訴前の船長釈放が中国にとってギリギリの「勝利」だったという側面はあるでしょう。

事実、中国政府は、船長が日本の国内法にのっとって司法的に処分されることは絶対に避けたいと考えていました。そんなことになれば尖閣諸島に対する日本の領有権が国際的にも認められてしまうからです。ですので中国は、船長を起訴前に釈放させるためにあらゆる圧力を日本にかけてきました。レアアースの事実上の禁輸措置はそのひとつです。

とはいえ、全体としてみれば、中国は決して今回の衝突事件で「勝利」したとはいえません。

2010年9月23日におこなわれた日米外相会談では、ヒラリー・クリントン国務長官（当時）が、尖閣諸島は日米安保条約の適用対象になること、したがってアメリカにも防衛義務があること、を表明しました。

この言明は中国にとって、とんだ〝やぶへび〟でした。強硬策によって逆に、アジア地域におけるアメリカの軍事的プレゼンスを強化してしまったわけですから。

同じことは、南シナ海で中国が東南アジア諸国と対立している領有権問題においても当てはまります。

東南アジア諸国は、この地域での領有権問題で中国があまりに高圧的で横暴な態度をとるため、近年では中国を完全に警戒し、アメリカとの関係を深めています。

たとえば西沙諸島の領有権問題で中国と対立しているベトナムは、アメリカと戦略的対話を開始し、もともと中国がベトナムに提供しようとしていたウラン濃縮技術をアメリカから導入するため、原子力協定の締結にむけてアメリカと交渉に入りました。

またベトナムは日本とも2010年10月の首脳会談で、同国内で進めている原子力発電所2基の建設を発注することで合意しています。そのときの首脳会談ではベトナムにおけるレアアースの共同開発についても合意がなされました。

要するに、中国は漁船衝突事件において船長の釈放以外、何も獲得していないのです。それどころか中国は、世界の常識は中国には通用しないという「中国リスク」への警戒心を世界に植えつけ、アメリカをバックとした中国包囲網をアジア太平洋地域につくらせてしまいました。

◈国内のナショナリズムによって外交政策を制限せざるをえない中国

では、なぜ中国政府は必ずしも自国の利益にはならない強硬的な外交政策にでるのでしょうか?

その大きな理由のひとつに、中国国内における反日ナショナリズムの高まりがあります。

中国政府は「日本に対して弱腰だ」という国民からの突き上げを極度に恐れています。たとえば中国は08年に、日本と東シナ海の海底油田の共同開発を行うことを合意しました。しかしその数週間後、合意内容が中国国内で明らかになると、主にネットから「領有権問題を棚上げにして、尖閣諸島での日本の実効支配を追認するのか」という反日世論の大反発がおこります。その結果、中国政府は世論の反発を恐れて、この合意を具体化することに消極的な態度をとるようになりました。

そもそもこの「領有権問題を棚上げにし、資源の共同開発を進める」という方針は、78年の日中平和友好条約締結の際、鄧小平（当時の中国の最高指導者）によって提案されたものです。しかし、その鄧小平の提案は中国ではほとんど報じられず、歴史の教科書にも載っていないそうです。

つまり中国は、油田の共同開発という、中国にとっても利益をもたらしてくれるだろう合意についてさえ、国内の反日ナショナリズムの批判にさらされて政策を進められないのです。ナショナリズムの突き上げによって外交政策のオプションが完全に制限されてしまっているんですね。

これは、対日外交政策だけでなく、中国のあらゆる外交政策に当てはまります。中国政府は国内のナショナリスティックな世論から攻撃されないように、逆に国際社会における中国の影響力低下をもたらすような外交政策をとらざるをえなくなっているのです。

◆中国政府はなぜ国内のナショナリズムを極度に恐れるのか

では、なぜ中国政府はここまで国内のナショナリズムを恐れるのでしょうか？

まずいえるのは、領土問題のような主権にかかわる問題で政府に対して弱腰だという批判が強まれば、共産党による統治そのものが崩壊する危険がある、ということです。

中国共産党はずっとナショナリズムを自らの統治の正当性の基盤にしてきました。そのナショナリズムに見切りをつけられたら、共産党による一党支配は一気にグラついてしまうのです。

しかし、より本質的なのは次の点です。すなわち、ナショナリズムそのもののなかに、じつは共産党による独裁体制を批判し、民主化を求める傾向が胎動している、という点です。

アーネスト・ゲルナーはナショナリズム論の名著『民族とナショナリズム』のなかで次のように指摘しています。ナショナリズムは「国家はわれわれ国民のもの」という意識とともに生成される、と。

「国家はわれわれ国民のもの」という意識は、いいかえれば「われわれ国民こそ国家の主役である」という国民主権の主張につながりますね。ナショナリズムはしばしば「国家主義」などと訳されますが、同時にリベラル派が好きな「国民主権」の主張にもなるのです。つまり、ナショナリズムにはつねに「国家は国民によって、国民のために運営されなくてはならない」という民主主義の要求が含まれているのです。

そうした民主化要求が潜在しているからこそ、独裁体制を維持する中国政府は国内のナショナリズムを恐れざるをえないんですね。この意味でいえば、近年の中国における反日ナショナリズムの高揚とは、じつは「反日」に名を借りた、中国独裁体制への批判でもあるのです。

◆「反日」に名を借りた民主化運動

開発経済学ではしばしばGDPの民主化ラインということがいわれます。一人当たりのGDP（国内総生産）が3000ドルを超えると、その国では独裁体制が揺らぎ、民主化が始まる、という論です。

80年代の韓国がまさにこれに該当します。韓国では80年代に一人当たりGDPが3000ドルを超えるとともに、民主化運動が激化し、軍事独裁体制が崩壊しました。

中国での反日ナショナリズムにもこのことが当てはまるかもしれません。中国では08年に一人当たりGDPが3000ドルを超えています。

ただ、経済がいち早く発展した中国沿岸部ではもっと前にこれを超えています。中国では05年に北京や上海などの大都市で反日デモが激化しましたが、おそらくそれは沿岸部での「3000

ドル超え」と無関係ではないでしょう。

今回の尖閣諸島問題における反日ナショナリズムの特徴は、成都や武漢、鄭州といった中規模の内陸都市でも反日デモが起きたことです。ＧＤＰの民主化ラインが中国内陸部まで押し寄せた、ということがいえるのではないでしょうか。

なぜ中国では民主化運動が反日ナショナリズムとしてあらわれるのでしょうか。それは、そうでなければすぐに弾圧されてしまうからです。１９８９年の天安門事件で当局によってあれほど激しく民主化運動が弾圧された経験がある以上、中国では相当の覚悟がないかぎり正面から民主化運動を展開することはできません。

２０１０年10月24日に陝西省宝鶏市で発生したデモでは、反日スローガンに交じって「反官僚、反腐敗」など政府批判のスローガンが掲げられたと伝えられています。中国の反日ナショナリズムが、実際には一党独裁への批判や民主化要求と隣り合わせだということを、それはよく示しています。

私たちは中国の反日ナショナリズムの内実を見誤ってはなりません。中国政府は国民の民主化要求を受け入れ、ナショナリズムを軟着陸させないかぎり、外交政策において「後ろから矢が飛んでくる」状況を避けられず、中期的には国益にむすびつかない不本意な選択を強いられつづけることになるでしょう。

（今回の副読本）

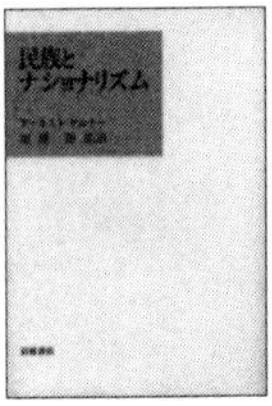

『民族とナショナリズム』

アーネスト・ゲルナー／岩波書店

イギリス哲学界の巨人アーネスト・ゲルナーによるナショナリズム研究の古典。政治社会学や社会人類学を援用しながらナショナリズムの本質にアプローチした同書は、〝第一級のナショナリズム研究書〟と評されている。

（第7講）

分配の正義があらためて問われる時代

◆哲学書がベストセラーになるという事件

２０１０年の哲学界で起こった最大のニュースといえば、なんといってもマイケル・サンデル著『これからの「正義」の話をしよう』が大ベストセラーになったことでしょう。10年末の時点で60万部を突破しており、哲学書としては驚異的な売り上げです。

といっても、この哲学書も決してわかりやすい本というわけではありません（単行本の値段もそこそこします）。具体的な事例から政治哲学における本質的な問題を論じていくサンデルの語り口はとても明快で魅力的ではありますが、やはりそれでも難解な本であることには変わりありません。そんな難しい本がここまで売れたというのは、哲学界にとってはちょっとした事件でしょう。

もちろん、ハーバード大学でのサンデルの講義がＮＨＫ教育テレビで「ハーバード白熱教室」として放映されたことがこの本の売り上げにとって大きなパブリシティになったことは否めません。しかし、そのテレビ放送だけでここまで売り上げが伸びたのかといえば、決してそうではないでしょう。

ではなぜ、サンデルの本はここまで読まれることになったのでしょうか。

ポイントは「正義」というタイトルです。

おそらく、３００ページを優に超えるこの本のボリュームと内容を考えるなら、本を購入したすべての人が最後まで読破し、内容を理解したというわけではないでしょう。であれば、まず考えるべきは、なぜ今「正義」などという、少々古くさくてきまじめな言葉を冠した哲学書に多くの人が惹かれたのか、ということになります。

◆問われている「正義」とはそもそも何なのか

これに関して示唆的なのは、サンデルがこの本のなかでまるまる一章を割いて「アファーマティブ・アクション」について論じていることです。

アファーマティブ・アクションとは「積極的差別是正措置」などと訳される言葉で、たとえばアメリカでは、これまで差別され、社会的に不利な状況に置かれてきたマイノリティ（アフリカ系アメリカ人やメキシコ系アメリカ人）に対して、大学入学における定員割り振りなどで特別に優遇措置をとる、といったことを指しています。人種間に定員を割り振って、それを満たすために少々成績が悪くてもアフリカ系アメリカ人やメキシコ系アメリカ人を大学に入学させる、といった措置ですね。

しかし、こうした是正措置に対しては、マジョリティである白人アメリカ人から「逆差別だ」という批判がしばしばなされます。入学定員の割り振りで人種的な特別措置をとることによって、同じような成績でも白人学生は不合格になり、マイノリティの学生は合格になることがあるからです。実際、アメリカでは、アファーマティブ・アクションに対して、万人の平等な保護を保障した合衆国憲法に違反するのではないかという訴訟がいくつもなされています。

ただしサンデルはこれを、憲法の問題としてでなく、倫理の問題として論じます。

このことがよく示しているように、同書のなかでサンデルが論じている「正義」とはおもに「分配の正義」にかかわっています。いまの例でいえば、大学の入学定員という「社会的資源」をどのように分配すれば正義にかなったものとなるのか（ある程度、人種間で分配するのか、それとも純粋に成績順に分配するのか）、ということですね。

ほかにもサンデルは、バスケット・ボール選手のマイケル・ジョーダンのような高額所得者にどこまで課税し、所得再分配をどこまですべきか、などの問題も論じています。高額所得者からたくさんの税をとりたて、それを低所得者に再分配することは公権力の行使ですから、まさにそこではどのような再分配が正しいのかという「正義」が問われるわけです。

もちろんこうした分配の問題は決していまになってでてきた問題ではありません。しかし、その分配の正義をあらためて考察しなくてはならない、という問題意識がサンデルの政治哲学の基本にあるのです。

したがって、なぜ人びとはサンデルの本にここまで惹きつけられたのか、という問いは次のように言い換えられます。つまり、なぜ人びとは分配の正義をあらためて考察しなくてはならないと思うようになったのか、と。

◈なぜ分配の正義があらためて問われるようになったのか

なぜ分配の問題があらためて注目されるようになったのか、その理由は簡単です。

分配すべき社会的資源がそれだけ希少なものだと認識されるようになったからです。パイはもう拡大しない、という意識ですね。

経済成長をあてにできたこれまでの時代なら、分配の仕方についてそれほど厳密に考える必要はありませんでした。経済成長によって、分配すべきパイ（＝社会的資源）はいずれ拡大するわけですから。

経済が成長すれば、労働者に分配されるパイである給料も増えますし、雇用も増えます。税収も増加するので、弱者や困っている人への再分配である社会保障を充実させることも不可能ではありません。

しかしここにきて、経済成長があてにできるものではなくなってしまいました。また、経済活動に対する環境制約なども強まってきたことで、分配できる社会的資源には限りがあるということが否応なく人びとに意識されるようになったのです。

経済がなかなか成長しなくなれば、分配すべきパイも大きくなりません。給料は上がらずに、雇用も不安定化します。

財政難はパイが拡大しなくなった時代の象徴ですね。にもかかわらず、年金や医療費など、高齢化社会にともなってまかなわなければならない財政支出は増える一方です。

希少なパイをどのように分配し、そのパイの拠出を誰にどこまで担ってもらうのか。分配できる社会的資源がますます希少なものとなる状況では、こうした問いが避けられなくなってくるのです。

分配の正義に社会の注目が集まるようになった背景がここにあります。

ちなみに、こうした時代の変化は、人文思想系の論壇における中心的なテーマが「自由」から「平等」へと移行してきたことにもあらわれています。

2000年代前半までは、いかに社会の規範や権力、共同体的拘束から「自由」になるかが人文思想系の論壇における中心的なテーマでした。しかし最近では、ベーシック・インカムが論争の的になるなど、論壇における中心的なテーマは「平等」へと大きくシフトしています。

(ちなみに私はベーシック・インカムのアイデアには反対です。理由は単純です。たとえば1億2000万人の日本国民一人ひとりに月額8万円のベーシック・インカム=基本所得を支給するとすれば、一年に115兆円ほどの財源が必要となります。それだけの財源をどっからもってくるのかという問題は置いておくとして、一年に115兆円もの金額を国民の生活保障のために使うのなら、もっともっと有効な貧困対策や少子化対策が可能です。一律に国民全員にお金を給付することは、問題解決のための公的なお金の使い方としてひじょうに非効率です)。

◆分配の問題を権利の問題へと還元できるのか

サンデルの議論で面白いのは、分配の問題を富や機会(たとえば大学で勉強する機会)の分配に限定しないところです。

リベラル派の代表格であるジョン・ロールズの議論をみるとわかりますが、これまでは「分配の正義」といえば、もっぱら富や機会の分配だけが議論されてきました。しかしサンデルによれば、そうした富や機会の分配は、名誉や社会的承認といった事柄から決して切り離せるものではありません。

先の大学入学定員におけるアファーマティブ・アクションを例にしましょう。

ロールズなどのリベラル派は、アファーマティブ・アクションにおいては誰の権利も侵害されていないと主張します。たとえ白人アメリカ人が本来は大学に合格できる点数だったのにアファーマティブ・アクションによって不合格にされたとしても、それだけでは白人アメリカ人の権利が侵害されたことにはならず、アファーマティブ・アクションは正当化される、ということですね。

なぜそう考えられるのでしょうか。

リベラル派はいいます。大学は特定の人種に対する偏見や差別によって（この例では白人への偏見や差別によって）こうした措置をおこなっているわけではないからだ、と。偏見や差別によって入学が拒否されるのならそこには権利の侵害が生じるが、大学はもっぱら主要な職業分野で人種の多様性を高めるという自らの公民的使命にしたがって機会の分配をおこなっているだけである、と。

これに対しサンデルは、アファーマティブ・アクションの意義を認めつつも、こうしたリベラル派の説明には限界があると考えます。なぜならその説明では、白人アメリカ人とアフリカ系アメリカ人が同じ点数だった場合、積極的な是正措置の対象となった人種のほうが有利になる、ということが等閑に付されてしまうからです。

分配の問題においては、「どのような人が分配を受けるに値するか」「なぜその人は他の人よりも――負担が少なくて――多くの分配を受けることができるのか」という地位や資格にかかわる問題が必然的にでてきます。たとえどれほど平等主義的な分配がなされようとも、そうした問題がでてくることには変わりありません。

リベラル派はアファーマティブ・アクションに対する「逆差別だ」という批判を何とかかわすために、是正措置を「人種の多様性を高めるという公民的使命」にのみもとづくものと位置づけ、人種を単なる資源の割り振りのための基準とみなすよう主張してきました。大学の合格定員は人種の多様性にしたがって割り振られているだけで、人種にはいかなる特別な意味もない、ということですね。

しかしその根拠づけには無理がある、とサンデルは考えます。多少点数が悪くてもアフリカ系アメリカ人のほうが大学に合格しやすいのなら、そこにはやはり人種的な属性に対する一定の社会的承認や役割付与が働いていると考えるべきだからです。

リベラル派は分配の問題を権利の問題へと純化させようとします。機会の平等のもとで同じスタートラインにたつという権利の問題として、分配の問題を位置づけようとするわけですね。しかし、機会の平等を達成するためには、希少な社会的資源を何らかの仕方で不均等に割り振らなくてはなりません。大学入学定員のアファーマティブ・アクションでいえば、その不均等な割り振りの背後には、「多少の点数差よりも、人種的多様性のほうが社会的に価値がある（多様な人種が社会で活躍したほうが望ましい）」という、「社会的ふさわしさ」をめぐる価値基準があるわけですね。

分配の正義はそうした価値基準と決して無縁ではなく、したがって分配の問題を権利の問題へと純化させることはできない、というのがサンデルの立場なのです。

サンデルが読まれる今日的意義がここにあります。

日本でも2000年代以降、格差の問題が深刻化するとともに、社会的承認や尊厳、アイデンティティといった問題が無視できないものとして浮上してきました。格差の拡大は「なぜ自分だけ不遇なのか」とか「なぜあいつはうまい汁を吸っているのか」といった問いをどうしても呼び寄せてしまいます。経済的な分配の問題は決して経済的な問題にはとどまらないんですね。そこには「誰がどのような資格で社会的資源を手にしているのか」というアイデンティティの問いが必然的に含まれるのです。
　パイが拡大せず、社会的資源が希少なものとして鋭く意識されるようになった時代では、分配の正義を権利の問題へと還元しようとするリベラル派の試みは、その希少性をめぐる問題意識に十分応えることができなくなっています。日本でもリベラル派の言論の説得力が低下しつづけていますが、その理由は根本的には同じです。

（今回の副読本）

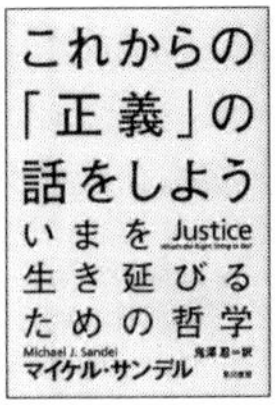

『これからの「正義」の話をしよう』
マイケル・サンデル／ハヤカワNF文庫
1人殺せば5人助かる状況で、その1人を殺すべきか。前世代の過ちは後世代が償うべきか。正解のない正義をめぐる哲学の問題から格差社会、倫理概念を問うハーバード大学史上最多履修数を誇る名講義を活字化。

（第8講）

アメリカの覇権について

◆流動化する中東情勢

２０１１年、中東地域の政治体制が一気に揺らぎました。

まずはチュニジアで大規模な反政府デモが勃発し、23年も続いたベン・アリ政権が崩壊しました。

つぎにエジプトでも反政府デモが全土に広がり、30年にわたって強権支配をつづけてきたムバラク大統領が辞任しました。

こうした反政府デモの動きは中東各地に飛び火し、この地域の長期独裁政権をつぎつぎと揺るがしました。

たとえばイエメンでも、南北イエメン統合後約20年にわたって大統領の地位に就いていたサーレハ大統領が、２０１２年２月に退陣しました。

ヨルダンでも２月１日にアブドラ国王が抗議デモを受けてリファイ首相を更迭しました。

リビアでは、政権側と反政府側との内戦が勃発し、42年ものあいだ磐石の政治体制を築いていたカダフィ政権が崩壊しました。

もしかしたらこれら一連の動きは、１９８９〜91年に東欧の社会主義国が民主化していった動きに匹敵するくらい、大きな歴史的転換をもたらすかもしれません。ただし民主化といっても今回は、民意を受けたイスラム原理主義がこの地域で広く台頭してしまう可能性も広げました。かなり流動的な状況にあるわけですね。

では、何がこうした流動的な状況を中東地域にもたらしたのでしょうか。

もちろんそこには政権の腐敗や失業率の上昇など、さまざまな要因があります。が、もう少し大きな歴史構造的視点からみると、２００３年のイラク戦争が大きな遠因になっていることがわかります。

アメリカのブッシュ政権はフセイン政権を倒すことでイラクを民主化し、それを契機に中東全体が民主化していくという未来図を描いていました。いわゆる「民主化のドミノ理論」ですね。

しかし、イラク戦争によってフセイン政権を倒したところまではよかったのですが、けっきょくそれはイラクにおける秩序の「留め金」を外してしまっただけで、結果的にはイラクを混乱におとしいれ、さらには「民主化のドミノ理論」どころか中東全体の権力構造を流動化させてしまったのです。その流動化は、アメリカとイスラエルに親和的なエジプトやヨルダンの政権基盤さえ揺るがしてしまったほどです。

イラク戦争はアメリカにとってとても高くついた戦争でした。戦費が予想以上にかかり、アメリカの財政を大きく悪化させたというだけではありません。それは、アメリカがなかなかコントロールできない状況を中東につくりだし、中東に対するアメリカの影響力を低下させてしまったのです。その意味で、とても高くついた戦争でした。

◈アメリカはイラクの石油利権を牛耳りたかったからイラク戦争に踏み切ったのか

そんな帰結をもたらしたイラク戦争に、そもそもなぜブッシュ政権のアメリカは踏み切ったのでしょうか。

その理由についてはさまざまなことがいわれてきました。

当初、アメリカはイラクが大量破壊兵器を密かに保有していると主張し、自国の安全保障のためにイラクを攻撃しようとしました。しかし、国連による全面査察がおこなわれても、アメリカが主張するような大量破壊兵器は何も出てこず、けっきょくアメリカは理由が曖昧なままイラク戦争に踏み切りました。イラク戦争後のアメリカによる占領統治においても、大量破壊兵器は見つかっていません。

このような経緯から、アメリカがイラクを攻撃したのはイラクの石油利権を牛耳りたかったからだ、という説が多くの人からきかれるようになりました。事実、当時のブッシュ大統領のファミリーはアメリカの大手石油会社のオーナーファミリーだったので、多くの人がその説を確からしいと受け取ったのです。

しかしこの説は、じつはそれほど正しくありません。

というのも、70年代に産油国では資源ナショナリズムが勃興し、イラクを含めた中東産油国の油田資産はほとんど国有化されてしまったので、たとえアメリカのような覇権国であっても、戦争によって中東地域の石油利権を牛耳るなどということはそもそも不可能だからです。

事実、イラクでは03年4月のフセイン政権崩壊以降、新たな石油開発はほとんどなされず、09年になってようやく、外国の石油資本が油田開発権を獲得するための国際入札がおこなわれました。そして、この入札によってイラク政府が外資と結んだ石油開発契約12件のうち、アメリカ資本はたった2件しかかかわっていないのです（アメリカ資本がオペレーター企業になれたのはそのうちの1件だけです）。

さらにいえば、アメリカの全石油消費量のうち中東地域からの輸入原油の比率は、イラク戦争当時でみても1割台しかありません。約8割の原油を中東からの輸入に頼っている日本とはまったく対照的です。中東産の原油に対するアメリカの依存度は驚くほど低いのです。日本の「常識」でアメリカの状態をイメージすることはできないんですね。

アメリカにとって、イラクの石油利権を軍事力によって無理やり牛耳らなくてはならない必要性はどこにもなく、またそれができる可能性もないのです。

◆ドルとユーロの隠れた対立

では、どのような理由がイラク攻撃の背景にあったのでしょうか。

イラク戦争と石油ということでいえば、むしろ00年にフセインが、今後は石油輸出代金の決済をドルではなくユーロでおこなうと宣言したことのほうが重要です。なぜならそれはドル基軸通貨体制の根幹に挑戦するものだったからです。

1971年のニクソン・ショックによって金との兌換が停止されたドルが、それでもなお世界の基軸通貨でいられたのは、世界の全エネルギーの約3割から4割を占め、世界貿易の最重要物資である石油の国際決済がおもにドルでなされてきたからです。これによって各国はドルを決済通貨として準備しなくてはならないため、ドルの価値は維持され、アメリカの財政赤字と経常収支赤字がいくら増大しても、ドルは暴落せずにすんできました。

先のフセインの決定は、まさにそれを揺るがそうとするものだったのです。

アメリカ政府が嫌がったのも無理はありません。

市場規模や信用システムの発達からいえば、ユーロは当時、唯一ドルに代わって基軸通貨になりうる通貨でした。フセインはそのユーロをつかってアメリカに対抗しようとしたわけです。そして、アメリカにとってはさらに悪いことに、リビアなど、いくつかの反米国家がフセインのこの措置にならびこうとしました。

イラク戦争は、アメリカがイラクの石油を地理的に囲い込もうとして起こったのではありません。そうではなく、石油をめぐる経済システム――具体的には石油によって支えられたドル基軸通貨体制――を防衛しようとして起こったのです。

そのうえで、イラクを親米的な民主国家にすることで、中東のほかの反米国家を民主化し（「民主化のドミノ理論」）、アメリカを中心とした世界経済システムが崩壊しないようにすることが、そこでの課題でした。

◆条理空間と平滑空間からみた覇権のかたち

ポイントは、石油そのものを確保することが問題なのではなく、石油をめぐる経済システムを護持することが問題だったということです。

イラク戦争の理由を石油利権の獲得に求めてしまう発想は、20世紀初頭までの植民地主義の時代の世界像にあまりに引きずられています。

当時はイギリスが世界の「七つの海」を軍事的に制覇することで、世界資本主義のヘゲモニー（覇権）を確立していました。つまり、植民地主義の時代では、ある陸地に存在する資源なり市場なりを、その陸地を取り囲む空間である海を制することで我が物とすることが、覇権の方法だったのです。

そこで重要となったのは海軍力でした。世界最強の海軍力をもつ国家が、世界貿易の物流がなされる空間である海を管理することで、陸地で生産される商品や資源を囲い込んでいたのです。陸地の外の空間を制覇することで、陸地での利益を囲い込み、専有する、という図式ですね。

こうした事態を、フランスの哲学者ドゥルーズとガタリは『千のプラトー』のなかで「条理空間」と「平滑空間」という概念でとらえています。

条理空間とは通常の法が機能する空間のことで、ここでは陸地を指しています。これに対して平滑空間というのは、通常の法を無化してしまうような空間のことで、イギリスがその軍事力によって自由にルールを設定し、自由に活用することができた海をここでは意味します。「条理空間（陸）」を取り囲む「平滑空間（海）」の覇者が世界のヘゲモニーを獲得する、という構図です。

これに対し、現代の世界においてヘゲモニー獲得の基盤となっているのは海ではなく空を制することです。

20世紀の初頭に飛行機が開発されてからというもの、飛行機で空から敵地や敵艦に爆撃することが戦争では重要な戦略となりました。ナチスドイツによるゲルニカ爆撃や日本軍による重慶爆撃はその最初の大がかりな事例です。そうした戦略爆撃はその後、米軍による東京大空襲、広島・長崎への原爆投下へと引き継がれ、戦後は、核弾頭を載せた大陸間弾道ミサイルの配備や宇宙開発へと拡大していきました。

つまり、軍事テクノロジーの発達によって、制覇すべき平滑空間が「海」から「空」へと広がってきたわけですね。この過程で世界資本主義のヘゲモニーの保持者もイギリスからアメリカへと移っていきました。

重要なのは、これにともない、平滑空間によって囲い込むべき条理空間も変化してきたということです。

平滑空間が「海」だった時代、それによって囲い込むべき条理空間は「陸」であり、そこで産みだされる資源や生産物でした。しかし平滑空間が「空」になると、囲い込むべき条理空間は「陸」（やそこでの資源や生産物）から離れ、より抽象的な「経済システム」となったのです。

平滑空間が「空」へと抽象化されることで、それによって確保すべき利益のかたちも、もはや単なる資源や生産物といったものではなくなり、経済的なシステムへと抽象化されるんですね。

イラク戦争においてアメリカが確保しようとしたのはイラクの石油そのものではなく、石油をめぐる経済システム（石油とむすびついたドル基軸通貨体制）でした。まさにそれは「空」の時代における典型的な戦争のかたちをあらわしています。

平滑空間が「海」から「空」へと広がったことで、囲い込むべき条理空間も「陸」から離れて「脱領土的」（ドゥルーズ＝ガタリ）なものになってきたのです。20世紀後半以降のアメリカのヘゲモニーは、イギリスのヘゲモニーの時代とくらべて条理空間も平滑空間も一段階、抽象化したレベルのもとで成立したのです。

そうした移行を理解しないかぎり、いつまでたっても植民地時代の思考から抜けられないでしょう。

◆アメリカのヘゲモニーのあとに

とはいえ、アメリカのヘゲモニー（覇権）もここにきて衰退しはじめました。

2008年に起こった金融危機はその大きな兆候です。

アメリカの覇権の根幹をささえるドル基軸通貨システムがフセイン大統領によって挑戦を受けたということ自体、アメリカのヘゲモニーの衰退をあらわしているのかもしれません。イラク戦争を遠因として生じた中東の混乱は、まさにアメリカの覇権の力が衰えたことと表裏一体です。

2030年代までには中国のGDPがアメリカのGDPを追い抜くことがほぼ確実視されています。

アメリカ以降、世界のヘゲモニーはどのようなものとなるのでしょうか。中国がアメリカの覇権をそのまま引き継ぐのでしょうか。それともアメリカがイギリスから覇権を引き継いだときとはまったく違う事態が今後の世界では生じるのでしょうか。

それを考えるためにも、アメリカのヘゲモニーの内実とはそもそもどのようなものだったのかを理解しておかなくてはならないのです。

（今回の副読本）

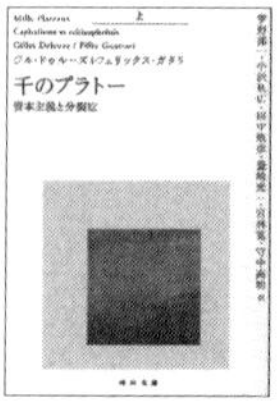

『千のプラトー 資本主義と分裂症』

ジル・ドゥルーズ、フェリックス・ガタリ／河出文庫

複雑に入り組んだ資本主義のダイナミズムをさまざまな手法で読み解いドゥルーズ＝ガタリの代表作。抽象機械や戦争機械といった新たな概念を提起して人類の営みを分析するフランスのポストモダン思想の大著。

（第9講）

インターネットの普及は政治をどう変容させるか

◆ＩＴ技術の進展に人間はあらがうことができるのか

２０１０年はインターネットを通じた情報漏洩事件がたてつづけに起こった年でした。日本でも、10月に国際テロに関する警視庁公安部の捜査資料がインターネット上に流出したり、11月には尖閣諸島沖での中国漁船衝突事件の映像が海上保安官の手によって動画共有サイトに公開され、流出しました。

世界中にインパクトを与えたのは、なんといってもウィキリークスによる暴露でしょう。ウィキリークスはまず10月下旬に40万点にも上るイラク戦争関連のアメリカ軍資料をインターネット上に暴露し、さらに11月下旬には25万点に上るアメリカ外交公電を暴露しました。

この暴露に対して、クリントン国務長官（当時）はただちに「暴露は米国の外交上の利益に対する攻撃というだけではなく、国際社会、同盟国、パートナーに対する攻撃でもある」とウィキリークスを非難しました（11月29日の記者会見）。イタリアのフラティニ外相に至っては、これを「世界の外交における『9・11』のようだ」とまで評しました。

ここで考えたいのは、インターネットを通じたこうした機密情報の漏洩が政治の枠組みをどのように変容させるのか、ということです。

ネットを通じた情報の暴露や漏洩は、ある意味でIT（情報通信技術）が高度に整備された情報社会では不可避なことです。現代では、ほとんどの情報の保存や伝達はデジタル技術によってなされており、それは情報がクリックひとつで複製され、多くの人に伝播されてしまうリスクをもたらしました。

20世紀ドイツの哲学者、マルティン・ハイデッガーが『技術への問い』のなかで述べているように、こうした技術の進展に人間があらがうことはできません。そもそも技術、テクノロジーというのは、人間が自らの意思でコントロールできるものではなく、逆に人間がその進展によって、ものの知覚の仕方から考え方、社会関係のあり方にいたるまで規定されてしまうものなのです。

したがって政治の枠組みも情報のデジタル化とネットワーク化によってなんらかの変容を被らざるをえません。その変容の中身がここで取り上げたい問題です。

◆情報のデジタル化とネットワーク化は政治をどのように変容させるか

まず言えることは、各政府は今後、情報の公表を前提として行動せざるをえなくなるだろうということです。

ウィキリークスのようなサイトが登場したことで、政府の情報はつねに暴露や漏洩のリスクにさらされていることが広く認識されました。このリスクはもちろん、管理体制の強化によってある程度は小さくすることができます。しかし、そのリスクはどんなに小さくても高度情報化社会においては不可避的なものである以上、情報の暴露や漏洩はつねにありうるという態度で行動するのが、各政府にとっての賢明で合理的な選択とならざるをえません。

では、政府が情報の公表を前提として行動することで何が変わるのでしょうか。

それは、政府のアカウンタビリティ（説明責任）がより求められるようになる、という変化です。

たとえば今回ウィキリークスによって暴露されたアメリカ外交公電のなかには、イタリアのベルルスコーニ首相について「無能で空っぽ。現代欧州のリーダーとしての影響力なし」といった人物評や、イスラエルのネタニヤフ首相について「約束を決して守らない」といった人物評が含まれていました。どちらもアメリカの同盟国の国家元首をコケにしているわけですから、アメリカにとっては完全に面目丸つぶれです。

しかし、情報の公表が前提とされるなら、こうした人物評が外交公電で流れることはなくなり、そのときはたとえ漏洩しても説明責任が果たせるような情報にもとづいて外交政策が立案されるようになるでしょう。

このことは、情報の中身が単なる人物評ではなく、密約のようなトップシークレットである場合を考えると、ものすごい変化だというべきです。表には決して出せない裏の取引で外交が進められる余地が小さくなっていくわけですから。

情報の公表が前提とされると、外交でも内政でも裏の事情で物事が遂行されにくくなっていくのです。

もちろん、だからといって政治の世界から機密が完全になくなったり、裏のやり取りが消滅したりするわけではありません。どんな世界にも秘密や裏の事情というのはあります。

重要なのは、たとえ政治の世界から機密や裏のやり取りがなくならないとしても、それらもまた、表に出たときに説明責任が果たされるようなかたちで処理されていく、ということです。ウラがオモテ化していくわけですね。

◈政府による情報独占の揺らぎ

このことは重大な帰結をもたらします。というのも、これによって政府による情報の独占が揺らぐからです。

これまで政府は、どのような情報を収集し、それをどう処理し、どのような政策として実現していくのかを、一方的に決定してきました。

たとえば、政府がある情報を国益に照らして機密として扱えば、その瞬間からその情報は一般の国民の手には届かないものとなりました。なぜその情報は機密扱いにされなくてはならなかったのか、本当にその機密扱いは国益にかなったものなのか、ということを公的に議論する余地はなかったのです。そもそも何がどれぐらい機密扱いにされているのかということすら、外からはわかりません。

この意味で、機密情報とはそれが機密であることを（そしてそれが存在すること自体を）決して公的には証明されえない情報のことです。

しかし、機密を含めたあらゆる情報が説明責任への要求にさらされることで、こうした機密情報の性格は根本的に変容します。つまり機密情報は、なぜそれが機密なのかを――潜在的にせよ――公的に証明されなくてはならないものとなるのです。

情報が政府によって独占され秘匿されるものではなく、公的なものになるわけですね。

気を付けてほしいのは、こうした変化は２０１３年12月に成立した特定秘密保護法によっても逆行することはないということです。それどころか、特定秘密保護法はこうした変化をむしろ後押ししています。

というのも、特定秘密保護法ができるまえは、そもそも政府は機密情報をわざわざ「機密」として指定する必要さえなかったからです。

特定秘密保護法の制定に対しては多くの人が反対しました。その懸念は私もわかります。しかし多くの人が特定秘密保護法によってはじめて機密が生まれるかのように考えていたのは決して正しい認識ではありません。

特定秘密保護法ができるまえから政府は膨大な情報を機密として取り扱っていました。特定秘密保護法ができたから、政府は特定の情報を機密にできるようになったのではありません。むしろそれまでは政府は法に縛られることなく多くの情報を機密扱いとしてきました。国民が機密扱いにされているということさえまったく気づかずに機密扱いされてきた情報はそれこそ数えきれないほどあるのです。

特定秘密保護法はそうしたフリーハンドの状態を停止しました。それによって政府は、ある情報を機密扱いにしたければ、ちゃんと法律にもとづいてそれを「機密」指定しなくてはならなくなったのです。

もちろんそれは政府が機密を保持することに法的根拠を与えた、と考えることも可能です。

しかし少なくとも、特定秘密保護法ができるまえは、政府は機密にしている情報があるということすら認める必要はありませんでした。そこでは説明責任が生まれる余地はありません。それが同法の施行後は、政府は機密指定にしている情報があるということは法的に認めなくてはならなくなったのです。潜在的には機密情報といえども説明責任の対象となりうるようになったということです。

ある情報を機密にしておくもっとも有効な方法は、そもそも機密があるのかないのかすらわからないようにしておくことです。何か隠し事をしている人には私たちもいろいろと詮索したくなりますが、隠し事なんてないようにみえる人にはそもそも詮索しませんよね。それと同じです。

特定秘密保護法はそうした状態にピリオドを打ちました。機密にしたい膨大な情報をわざわざ「機密」として指定し、機密情報があるということを法的に明示しなくてはならなくなったという程度には、政府は情報を完全には独占できなくなったのです。

◆情報の独占が揺らげば、政策決定の独占も揺らぐ

政府による情報の独占が揺らげば、当然、政府による政策決定の独占も揺らいでいきます。これまで政府が政策決定を独占できたのは、政府がその基礎となる情報を独占していたからです。

たとえば、かつては他国の情報はそこに置かれた大使館を通じて外務省が独占していました。いまのように国家元首の演説や閣僚・報道官の記者会見がインターネットで配信されていたわけではないので、そこで発表された情報はもっぱら駐在している大使館員や報道関係者しか触れることができませんでした。そうした状況では当然、外交政策の決定も外務省の独占物となります。

しかし、いまや情報は政府が独占できるものではなくなり、それにともなって政策決定も政府による独占物ではなくなりつつあります。機密を含めたあらゆる情報が公的に説明されるべきものとなったように、その情報にもとづく政策決定も社会に開かれたものになっていくのです。

◆政府による情報の独占の崩壊はどこまで直接民主主義を実現しうるのか

問題は、こうした変容が果たしてどこまで直接民主主義を実現し、さらにはこれまでの主権国

家の枠組みをどこまで崩すことになるのか、ということです。

主権とは一言でいえば、その社会における「至高の権力」のことで、ものごとを最終的に「決定」する行為によって裏付けされています。つまり主権国家の原理とは、国家が社会の最終決定機構であるという原理のことです。

そうした「最高決定権」にもとづく主権国家の原理は、政策決定が政府の独占物ではなくなることによって、どれほどの影響を受けるのでしょうか。政策「決定」が社会に開かれたものとなっていくことと、国家が社会の最終「決定」機構であることとは、どこまで両立しうるのでしょうか。

次講で引き続き考えていきたいと思います。

（今回の副読本）

『技術への問い』

マルティン・ハイデッガー／平凡社ライブラリー

ドイツの哲学者・ハイデッガーの技術論に関する講演や論文をまとめた論集。第二次大戦後の世界で起きていることの根本にあるものを見極めるべく技術の問題に着目し、〝現代技術の本質〟に哲学的に迫った一冊。

（第10講）

インターネット上の集合知は国家を超えられるか？

◈民間企業も政府と同じように情報の公開を前提として行動せざるをえない時代

前講では、インターネットを通じた情報の暴露や漏洩が政治にどのような影響をもたらすのかを考えました。

ウィキリークスのような暴露サイトまで存在するようになったことで、各国の政府は今後、情報の公開を前提として行動せざるをえなくなります。たとえ特定の情報を機密にするにしても、政府はなぜその情報が機密扱いとなったのかを潜在的には説明する責任を負わなくてはならなくなりました。機密情報もまた、つねに暴露や漏洩によって公開される可能性にさらされているからです。

このことは各国政府にかぎった話ではありません。社会的な影響力をもつ民間企業も政府と同じように情報の公開を前提とせざるをえない状況に置かれつつあります。

2010年11月にはウィキリークスの創始者ジュリアン・アサンジ氏が、次のターゲットは米国のメガバンクだ、と米経済誌「フォーブス」のインタビューで語ったことを受け、そのターゲットだと憶測されたバンク・オブ・アメリカの株価が下落しました。

◆東電に情報開示させた変化とは何か

もちろんこうした状況はウィキリークスに狙われようが狙われなかろうが変わりません。典型的なのは、今回の福島第一原発事故でみせた東京電力の対応です。

2011年3月11日の東日本大震災の影響によって、東京電力の福島第一原子力発電所では、放射性物質の放出をともなった原子力事故が発生しました。その約2週間後の3月27日に東電は、福島第一原発2号機のタービン建屋内にたまった水から通常の炉内の1000万倍の放射能を検出したと発表しました。これが本当ならひじょうに危険な事態です。しかし夜になり東電は「違う物質と間違えた」とその発表を訂正。武藤栄副社長は、分析内容の吟味が十分ではなかったと、その理由を釈明しました。

つまり東電は、十分な分析をおこなうよりも情報の公表を優先させたわけですね。それが日本だけでなく世界を震撼させるような誤報につながりました。

このときの誤報で東電の広報担当者が漏らした言葉が問題の本質をあらわしています。「測定結果が不確実な可能性があっても、公表しなければ、後から『隠していた』と批判を浴びる」（朝日新聞の記事より）。

変に情報を操作したり整合したりするより、初めからバレるものとして情報を開示しておくほうがリスクが少ない。経済産業省の原子力安全・保安院も同じ理由で公表を優先したということです。

もちろん私は、東電が情報の公開をちゃんと実行していると擁護したいわけではありません。さまざまな報道から推察するに、情報公開に対する東電の慎重姿勢はまだまだ残っているのでしょう。

しかし、逆にいえば、あそこまで慎重姿勢だった東電をここまで情報公開に前のめりにさせたものこそ問わなくてはなりません。

おそらくその変化は不可逆的な流れでしょう。

２００９年に起きた、自民党から民主党への政権交代の影響で、曲がりなりにもここまで情報開示が進んだということだけではありません。原発を推進していたのは菅政権も同じです。どの政党が政権をとろうとも、情報が何らかのかたちで公表されうることを前提として、政府なり電力会社なりが行動しなければならないという状況は変わらないのです。

◈現代の主権論における本質的な問題

問題は、こうした流れがどこまで主権国家の枠組みを崩すことになるのか、ということです。情報の公開を前提とすることで、政府はどのような情報を収集し、それをどう扱い、どのような政策へと実現していくのかを一方的に決定することができなくなりました。政府による情報の独占が揺らぐからです。

これまでは、政府だけが知っている情報がたくさんあり、それが政府による政策決定の独占を正当化してきました。しかしいまやその前提が崩れているのです。

主権とはものごとを最終的に「決定」する権利、または権力のことです。つまり主権国家の原理とは、国家がその社会における最終決定機構であるという原理のことですね。

そうした「決定」にもとづく原理が、政府による「政策決定の独占」が崩れることでどれほどの影響を受けるのか。まさに現代の主権論における本質的な問題です。

◆主権国家の原理そのものはなぜ変化しないのか

結論からいうと、主権国家の原理そのものはほとんど崩れることはありません。なぜかというと、国家が最終決定機構であるということそれ自体と、その国家が決定する内容がさまざまな組織や個人の影響を受けるということとは、レベルがまったく違うからです。

たとえば政府の最高決定者である総理大臣は、何かを決定するときに専門家の意見や官僚からの進言、ほかの議員との議論、支持者や圧力団体の意向、世論、市場の動向など、さまざまなものに影響されます。が、だからといって総理大臣が最高決定者であること自体が崩れるわけではありません。

これと同じように、政府による情報の独占が崩れて、政府の政策決定プロセスがオープンになり、そこにさまざまな組織や個人が直接参加するようになったとしても、「国家における法的決定」が「社会における最高決定である」という構造そのものが崩れるわけではないのです。どんなに政策決定過程がオープンになっても、日本社会における最高決定は国家による法的決定が担うしかないということですね。

ちょうど近代国家の歴史のなかでも同じようなことがありました。

近代国家の歴史において主権のあり方は君主主権から国民主権へと移行しています。その移行の過程では、最終決定をおこなう主体が君主から国民へと拡大し、同じような政策決定プロセスのオープン化がなされました。しかし、だからといって主権そのものが国家という機構からなくなったわけではなく、主権国家の原理そのものは何ら変化しませんでした。

◆インターネット上の集合知によって主権国家を超えることはできるか

こうした結論にもしかしたらがっかりしてしまう人もいるかもしれません。

事実、インターネットの広がりによって国家の権力が溶解してしまうほどのラディカルな変化が政治システムに生まれることを期待する言説はあまりに多いです。

たとえば、ネット上に人間のあらゆる知を蓄積し、検索ワードから書き込みまであらゆる意見を集約するシステムができれば、その都度、集合知から集団の総意を合理的に抽出できるので、もっぱら政策決定にかかわる権力者や権力機構の存在は必要なくなるだろう、ということがしばしば言われます。

たしかにインターネットは人びとの大まかな意思をモニタリングする便利なテクノロジーではあるでしょう。それによって政策決定プロセスのオープン化が進むことは、これまでみてきたように間違いありません。

しかし、それはあくまでも近代社会におけるこれまでのオープン化の延長線上にとどまるのであり、決して主権の原理そのものを崩壊させるわけではないのです。

たとえばインターネット上の集合知から集団の総意を合理的に抽出する場合でも、どのような事案でこうした抽出をおこない、どの時点での総意を最終決定とみなし、それに法的な正当性を与えるか、という特別なプロセスがやはり追加で必要になります。法的に正式に決定することと、集合知のもとで集団の総意を抽出することとは決してイコールではないのです。

こうした議論では、法的な決定の枠組みそのものと、決定のプロセスやその内容とが混同されてしまっています。そうした混同のもとで大げさに「新しさ」を騒ぎ立てても、それは単なる認識不足による知的誤謬にすぎないのです。

◆カリフォルニアン・イデオロギー——政治の本質を見誤る、脱主権の言説——

ネットの広がりに脱主権を期待する言説の一番の問題は、集合知から集団の総意を抽出することと政治的な決定とを混同してしまっているところです。

カール・シュミットが強調しているように、政治的な意思決定とはこれまでの知を機械的に適用することでは対応できないような、根本的に新しい状況に対して決断することです。そこにこそ「決定する」ということの本質があり、また政治――その本質は集団にかかわる決定をおこなうことにある――の危険性もあるのです。

東日本大震災ではまさにそのことが露呈しました。

私たちはそのとき、これまでまったく予想していなかった状況のなかで、小さなことから大きなことまで手探りでの決定を積み重ねながら事態に対処するしかありませんでした。そこで私たちが直面した問題は時間的な猶予を許さないものばかりでしたから、ネット上で意見がだされるのを待ってそれを集約する時間さえありませんでした。

留意してほしいのは、こうした決定の性格は本質的なものであり、決して東日本大震災のような非常事態にのみ当てはまることではない、ということです。

決定というものの本質はどれほど既知的にみえる日常的状況においても変わりません。どんな状況のなかにも新しさや例外性があるがゆえに決定が要請されるのです。『社会契約論』のなかで全人民の一般意思によって主権を基礎づけたルソーも、それにもかかわらずというべきか、それゆえにこそというべきか、こうした政治的決定の固有性に自覚的でした。

脱主権の言説はたしかにラディカルに響きます。しかしそれがラディカルにみえるのは、こうした決定というものの本質を無視または抑圧するかぎりにおいてです。

ネットによって権力を超えようとする言説はしばしば「カリフォルニアン・イデオロギー」と

呼ばれます。ＩＴ産業が集積しているカリフォルニアのシリコン・バレーを中心にそうした言説が広かったからです。では、なぜ「イデオロギー」なのでしょうか。それは、政治の本質をみていないことに無自覚なまま、政治に「勝利」したと錯覚してしまうからです。

（今回の副読本）

『社会契約論』
ジャン＝ジャック・ルソー／岩波文庫
フランス革命の原動力になったとも言われる、ジャン＝ジャック・ルソーの代表作。一般意思という概念を用いて民主主義的な国家観を主張した同書の思想は、現代までつながる近代国家の政治体制に多大な影響を与えた。

（第11講）

垂直統合型と水平分散型――電力供給システムと資本主義のかたち

◈垂直統合型の日本の電力供給システム

東日本大震災によって引き起こされた福島第一原発事故は、原発の是非についてだけでなく、日本の電力供給システムのあり方そのものについても大きな議論をもたらしました。

もともと日本の電力政策は「安定供給」という目標のもと、各電力会社に地域を独占させ、発電から送電や配電まですべてを担わせるというやり方をとってきました。これを「垂直統合型」の供給システムといいます。電力会社が発電から送電、配電までを垂直的に統合することで、電力供給の安定性を確保しようとしたわけですね。

ただ、垂直統合型の電力システムというのはどうしても原発のような大規模電源に頼らざるをえない性格をもっています。「集中」と「統合」によって電力供給の安定性を確保しようとするわけですから。

そうなると、その大規模な集中電源が今回の津波のように何らかの要因によって機能しなくなると、一気に電力が不足してしまう。安定性のために大規模化した集中電源が、非常事態のもとでは逆に耐性のない硬直した弱点となってしまうんですね。

事実、東日本大震災の直後には、その電力不足をおぎなうために東京電力管内で計画停電がおこなわれました。非常事態ということでいえば、大規模集中電源はまた、テロや軍事攻撃の目標にもなりやすいでしょう。

◆水平分散型の電力供給システム

原発のような大規模集中電源に頼らざるをえないこうした電力供給システムは、福島第一原発事故によって大きな批判にさらされることになりました。その過程で提唱されるようになったのが「水平分散型」の電力供給システムです。

具体的には、風力や太陽光、バイオマス、小水力など、再生可能エネルギーによる小規模発電をいろいろなところに分散させて設置し、それを双方向的な送配電網によって結ぶ、というやり方です。大規模集中電源のもとで統合された電力供給のあり方を、分散させた小規模電源のネットワークで置き換えていこう、というアイデアです。

これだと電源が分散化され多方向的にネットワーク化されるので、災害などで一部が破壊されても全体の供給が停止することはない、といわれます。原理的には、ちょうど東日本大震災の直後にインターネットがほかの通信回路に比べてダメージを受けずに機能したのと同じですね。インターネットも有事におけるリスクを回避するために、分散多方向型の通信回路として設計されました。

◈水平分散型のいくつかのメリット

水平分散型の電力供給のメリットとしては、ほかにも産業上の可能性があるということがいわれています。

新しい電力供給システムでは小規模電源が多方向的に結びつくため、電力の需要と供給のバランスを制御することがひじょうに複雑になり、その制御には高性能のコンピュータシステムが必要となります。そうした多方向・高性能の電力網をスマートグリッドというのですが、そのシステム開発が今後大きなビジネスチャンスになっていく、ということです。事実、ＩＢＭのようなコンピュータ関連企業はそのビジネスチャンスを虎視眈々と狙っています。

ビジネスチャンスという点では、蓄電池の活用も挙げられています
再生可能エネルギーによる発電は、風があるかどうか、太陽がでているかどうか、といった自然条件に左右されやすいため、どうしても不安定になります。その不安定さを解消するためには蓄電池の活用が不可欠です。

蓄電池の分野での日本の技術力は世界トップレベルです。水平分散型の電力供給システムを導入していくことは、その世界トップレベルの技術力を活用し、普及させていく大きなモーターになるということですね。

また、水平分散型の電力供給システムでは電力の消費地の近くで発電がなされるため、エネルギーの地産地消が進むというメリットもあるといわれます。

たとえば秋田県では、地域銘柄米「あきたこまち」の出荷額と県全体の光熱費がほぼ同じ金額だともいわれています。もしエネルギーの地産地消が進めば、県外に支払われていた光熱費の多くが秋田県内に落ちることになり、その分だけ地方経済にお金が回るようになるということですね。

地方経済がどんどん衰退するなか、エネルギーの地産地消を実現することは、地域経済を自立させ、活性化させるためにも有効な施策となるかもしれません。

さらに、現在日本のエネルギー源の多くは海外から輸入される石油なので、自前のエネルギー源を少しでも多くもつことは海外へのエネルギー依存度を低下させ、日本経済そのものを強くすることになるでしょう。

◈水平分散型のシステムへの疑問点

もちろんいいことばかりではありません。こうした水平分散型の電力供給システムに対しては批判も少なくありません。

もっとも大きな批判は「不安定だ」というものです。

事実、再生可能エネルギーによる発電は天候などの状況に左右されやすく、稼働率がとても低いので、いくらそれらを数多くつなげたとしても電力供給が安定化するとはかぎりません。たくさんの小規模電源をメンテし、複雑な送配電網を維持するコストも高くつきます。

この点でいえば、水平分散型の電力供給は決して「省エネ」ではないんですね。

また、ネットワークが複雑になった結果として、一部が破損したときの復旧に時間と手間がかかってしまうことも予想されています。多方向的なネットワークにもとづく電力供給が必ずしも非常事態に強いわけではないということです。

実際、安定供給ということでいえば、ここまで自然災害の多い日本でここまで電力の安定供給をつづけてきた既存の電力会社の実績はもう少し公平に評価されてもいいでしょう。

蓄電池の多用についても疑問がだされています。

蓄電池の生産にはレアメタルが多くつかわれます。そのレアメタルのほとんどを輸入に頼っている日本では、たとえ再生可能エネルギーを活用して自前のエネルギー源の比率を高めたとしても、電力供給全体としての海外依存度が必ずしも下がるとはいえません。

また、レアメタルの採掘は、これはこれでひじょうに深刻な環境破壊をもたらします。たとえ自分の周辺では「クリーン」になっても、全体としてはなかなか「クリーン」にならないのが再生可能エネルギーによる電力供給なんですね。

◆ドゥルーズ＝ガタリの「リゾーム」という概念は電力システムをどこまで変更しうるか

かつてフランスの哲学者ジル・ドゥルーズとフェリックス・ガタリは『千のプラトー』のなかで資本主義社会のあり方をめぐって「ツリー」と「リゾーム」という対概念を提起しました。支配的な「ツリー」状の社会構造に対抗して「リゾーム」型の社会関係を創出しよう、という提案です。

カタカナ用語なのでイメージがわきづらいかもしれません。ここでは「ツリー」状の社会構造は「垂直統合型」の社会システムを指すと考えてください。これに対し「リゾーム」というのは「水平分散型」の社会関係を指します。

ドゥルーズとガタリの概念提起を電力供給に当てはめるなら、「水平分散型」(リゾーム状)の電力供給システムで既存の「垂直統合型」(ツリー状)の電力供給システムに対抗しよう、ということになります。まさにそれは既存の電力システムへの「アンチ」となりうるような概念提起なんですね。

ただこれには少々注意が必要です。

というのも、ドゥルーズとガタリの提言を厳密に当てはめるなら、それは決して「垂直統合型」の電力供給システムを「水平分散型」の電力供給システムに「置き換えよう」ということにはならないからです。

ドゥルーズとガタリは「ツリー」に対して「リゾーム」をもってくる戦略をあくまでも「ツリー」状の社会構造の「裏をかく」ものとして考えていました。「ツリー」状の社会構造が支配するなかでどうそれをかいくぐるかという戦略として「リゾーム」という概念を提起していたのです。「リゾーム」状の社会関係によって「ツリー」状の社会構造を置き換えようとは一言もいっていません。「ツリー」状の社会構造を「なくそう」とか「なくせる」といったことも述べていないません。「リゾーム」状の社会関係が「ツリー」状の社会構造を押しのけて主流になるなんてことは起こりえないと考えていたんですね。

実際、「リゾーム」状の社会関係が全面化した社会なんて現状よりももっと居心地が悪いでしょうし、理論的に考えてもありえません。「リゾーム」の戦略がなりたつのは「ツリー」状の社会構造を前提として、その「裏をかく」ときのみです。あくまでも「ツリー」状の社会構造が支配的な状態があってはじめて「リゾーム」の戦略が生きてくるということです。

要するに、垂直統合型の電力供給システムをぜんぶやめて水平分散型の電力供給システムに置き換えるという結論を、ドゥルーズ＝ガタリの概念から導きだすことはできないのです。

ドゥルーズ＝ガタリの概念がどうであれ、電力供給のシステムについては、それはそれとして実現可能で最適な解を探さなくてはなりません。もしドゥルーズ＝ガタリの概念を援用したいと思うのなら、垂直統合型の電力供給がメインで、再生可能エネルギーをもちいた水平分散型の電力供給はそれを補完するサブ的なシステムになると考えるしかありません。おそらく実現可能で最適な解としても現時点ではそうなるでしょう。

水平分散型の電力供給のモデルでは、どうしても部分の話ばかりが先行して全体の最適解がなかなか省みられません。身近には「クリーン」になったかにみえる再生可能エネルギーの活用が、総体としてはどれぐらい環境に負荷をかけるかという問題がなかなか省みられないのは、その一例です。

もちろん「ツリー」に対して「リゾーム」を対置するという戦略だけを考えるならば、部分の話だけをしていればいいのかもしれません。しかしそれは決して「リゾーム」で「ツリー」を置き換えるという全体の話にはならないんですね。

（今回の副読本）

『記号と事件 1972年－1990年の対話』

ジル・ドゥルーズ／河出文庫

『千のプラトー』『アンチ・オイディプス』など、自らの著作や思想についてドゥルーズが語った約20年分にも及ぶインタビュー&対話集。明快で柔らかな語り口で自身の哲学を解説する本書は、まさに〝ドゥルーズ本人によるドゥルーズ入門書〟。

（第12講）

なぜ資本主義の把握にはヘゲモニーについての考察が必要なのか？

◈20世紀のアメリカのヘゲモニーをささえた「垂直統合型」の生産システム

前講では「垂直統合型」といわれる日本の電力供給の仕組みについて考えてきました。この講で考えていきたいのは、この垂直統合型のシステムとアメリカのヘゲモニー（覇権）との関係です。

もともと垂直統合型の生産システムが確立したのは、アメリカのフォード社による自動車の生産においてでした。フォード社は、自動車という大型の耐久消費財を効率よく生産し販売するために、設計から資材調達、組み立て、流通、販売までを自社のもとで「垂直」に「統合」しておこなう仕組みを考案しました。

こうした垂直統合型の仕組みが耐久消費財を生産するスタンダードなシステムとして世界中に広がったのが20世紀です。第二次世界大戦後の世界的な高度成長はこの垂直統合型の生産方式の広がりによってもたらされました。

日本はこの生産方式をより洗練させ効率化することで、世界第2位の経済大国にまでのし上がりました。その代表例がトヨタ自動車です。

イタリアの経済史家、ジョヴァンニ・アリギは名著『長い20世紀――資本、権力、そして現代の系譜』のなかで、20世紀におけるアメリカの世界的なヘゲモニーをささえたのはこの垂直統合型の生産方式だと述べています。

つまりアメリカはこの生産方式によっていち早く生産力をアップさせ、その生産力にもとづいて世界最強の軍事力を手にし、世界の覇権国になったということです。

◈アメリカがヘゲモニーを保持するための不可欠な条件とは?

もちろん軍事力だけでは世界の覇権国になることはできません。覇権国になるためには、世界の政治的・経済的な枠組みを決定するためのルール策定能力が不可欠だからです。アメリカが民主主義の原理と自由貿易の原則を普遍的なルールとして世界に貫徹しようとするのはそのためです。

２００３年にアメリカはイラクを軍事攻撃し、イラク戦争が勃発しました。その背景には、イラクのフセイン大統領が00年に石油輸出代金の決済をユーロでおこなうと宣言したことがありました。そのフセイン大統領の行動は、石油の国際取引はドルでおこなうというドル基軸通貨制への明白な挑戦だったのです。

ドル基軸通貨制は現代の世界経済におけるもっとも基本的な枠組みのひとつです。その基本的な枠組みの防衛とイラク戦争は決して無関係ではありません。

日本と違ってアメリカは、中東産の原油にそれほど大きくは依存していません。アメリカの全原油消費量における中東産の原油の割合はせいぜい１・２割ほどしかありません。別にアメリカは中東産の原油がなくったって十分にやっていけるわけですね。

にもかかわらず、中東で何かあればアメリカはすぐに政治介入しようとします。なぜでしょうか。

それは国際的な石油市場とドルが密接に結びついているからです。

国際石油市場はこれまでドルを決済のための基軸通貨とし、ニューヨーク・マーカンタイル取引所の石油先物市場での価格をベンチマークとして成立してきました。だから、その国際石油市場に悪影響をもたらすような政治的攪乱要因をアメリカは産油国から取り除こうとするわけです。

アメリカのヘゲモニーはこうした世界資本主義の基本的な枠組みのうえで成立してきました。その枠組みを世界最強の軍事力と政治力のもとで決定し、維持できるということが、アメリカにとってヘゲモニーを保持するための不可欠な条件なのです。

◈ヘゲモニーのあり方とエネルギーのあり方は切り離せない

アメリカがこれまでいかに熱心に国際石油市場をコントロールしようとしてきたのかということをみてもわかるように、アメリカのヘゲモニーは石油というエネルギーと切り離せません。事実、アメリカの時代である20世紀は同時に石油の時代でもありました。軍事力のかなめとなる飛行機も、20世紀資本主義の象徴である自動車も、ともにガソリンを動力源としています。

その石油の時代に世界資本主義の生産の中心にいたのがアメリカです。

世界初の機械掘りの油井による石油採掘が開発されたのは19世紀後半のアメリカにおいてです。第二次世界大戦後に中東での石油採掘が本格化されるまで、アメリカは世界最大級の産油国でした。20世紀の初頭にライト兄弟によって動力飛行機が発明されたのもアメリカです。ガソリン・エンジン（内燃機関）が発明されたのはドイツですが、それを活用した自動車の大量生産が実現されたのはアメリカにおいてです。

石油というエネルギーは人類の生産力を飛躍的に高めました。アメリカはその人類史的な生産力拡大の主要な推進役でした。

その生産力拡大を可能にした生産方式が、まさに垂直統合型の生産方式だったんですね。垂直統合型の生産方式がガソリンを動力源とする自動車の生産において確立されたということは、20世紀の資本主義を考えるうえでひじょうに示唆的です。石油というエネルギーを大規模に活用するための生産方法として、垂直統合型の生産方式は編みだされたということだからです。

アメリカのヘゲモニーは石油エネルギーの活用によって成立しました。そこには、石油エネルギーの活用によって生産力がアップし、その生産力の拡大によって軍事力が強化され、その軍事力にもとづいて石油市場がコントロールされる、という循環があります。石油というエネルギーをめぐって、一方には垂直統合型の生産方式による生産力の拡大があり、もう一方にはドルを基軸通貨とする国際石油市場があり、両者が循環的に結びついているわけですね。その循環のもとで世界の政治的・経済的な枠組みが決定されていくことのなかにアメリカのヘゲモニーは存立していたのです。

ちなみに19世紀はイギリスのヘゲモニーの時代でしたが、それを支えたのは石炭というエネルギーでした。

石炭エネルギーを効率的に動力に転換したのは蒸気機関です。その蒸気機関がいち早く実用化されたのはイギリスにおいてです。その蒸気機関でうごく蒸気機関車と蒸気船が19世紀の経済と軍事の土台となりました。イギリスが大英帝国として19世紀の世界の覇権を握ることができたのは、蒸気船をつかった海軍力で世界の海を制覇できたからです。

アメリカのヘゲモニーが石油エネルギーの活用のうえになりたっていたように、イギリスのヘゲモニーも石炭エネルギーをいち早く活用することでなりたっていたんですね。

◈資本主義経済の歴史的変遷——生産拡大と金融拡大というサイクル

ただしアメリカのヘゲモニーも21世紀になって徐々に陰りをみせてきました。

2008年に起きた世界金融危機はそれを強く物語るものでした。世界金融危機の直後にG20のサミットが開かれましたが、それはもはやアメリカを中心とした先進国（かつてのG7）だけではアメリカの金融危機を救えないということを示していました。

ジョヴァンニ・アリギは先の『長い20世紀』のなかで、資本主義500年の歴史を分析したうえで、現在アメリカのヘゲモニーは衰退期に入っていると論じています。

そこでの論点をまとめると次の三つになります。

まず、資本主義の歴史というのは単なる市場経済の歴史ではないということです。

資本主義経済は単に市場経済だけでなりたっているのではありません。そこには、軍事力にもとづいて市場経済の枠組みを決定したり、維持したりする国家（とりわけ覇権国）の役割、そして財政政策や金融政策によって市場経済を支える国家の役割が不可欠なものとして組み込まれています。

したがって資本主義の歴史とは、各時代の覇権国が軍事力を背景にそのつど市場経済の枠組みを決定し、市場経済をコントロールしてきた歴史であると理解されなくてはなりません。

資本主義を単なる市場経済と同一視する見方は日本の思想界や論壇でもひじょうに根づよいのですが、その見方は誤りだということです。資本主義は市場経済と国家が合わさってできているということ、それは、20世紀の資本主義経済が石油エネルギーにもとづく生産拡大だけでなく、アメリカによる石油市場のコントロールのもとでなりたっていたことをみても明らかです。

アリギの議論における二つめの論点は、その覇権国が資本主義の歴史のなかでどのように変遷してきたか、という点にかかわっています。

アリギによれば、資本主義の原型がジェノバやヴェネチアなどのイタリア都市国家で生まれたあと、その覇権国はまずオランダに、そしてイギリス、アメリカへと移動していきました。

これは歴史を少しでも注意深くみていれば比較的容易に理解できることでしょう。

かつて、１９７０年代のオイルショックの前まで、原油価格のカルテルなどをつうじて国際石油市場を事実上支配していた石油メジャー（国際石油資本）はセブンシスターズと呼ばれていました。その七大石油資本がすべてオランダ、イギリス、アメリカの資本であることは資本主義の歴史からいって決して偶然ではないんですね。

最後に、アリギの三つめの論点は、各ヘゲモニーのもとでの経済のサイクルにかかわっています。

アリギによれば、オランダ、イギリス、アメリカの各ヘゲモニーのもとでは、それぞれその時代に応じた生産拡大の局面がまずあり、その後に金融拡大の局面がくる、というサイクルがみられます。たとえばイギリスのヘゲモニーのもとでは、蒸気機関の活用をつうじた生産拡大の局面（産業革命といわれるもの）がまずあり、その後、そこで蓄積された資本をもとに金融市場が発達する、というサイクルです。19世紀の後半以降、ロンドンのシティが世界金融の中心となったのはその結果ですね。

金融拡大をつうじて膨らんだ金融資本は新たな投資先をもとめて、次のヘゲモニーのもとでの生産拡大を準備します。ちょうどイギリスの金融市場拡大によって膨らんだマネーがアメリカに投資されることで、アメリカの覇権のもとでの生産拡大の局面を準備したように、です。

逆にいえば、覇権国で金融市場が拡大されていく局面というのは、その覇権国での生産拡大が衰退期に入ったことをあらわしている、ということです。

なぜ各ヘゲモニーの段階において生産拡大の局面のあとに金融拡大の局面がくるのかといえば、実物経済での経済成長が頭打ちになると各国の経済は金融市場の拡大による経済成長に頼るようになるからです。

これは覇権国にかぎらずどの国でも起こりうる現象です。実物経済での成長の鈍化を補うために金融経済が呼びだされるんですね。住宅市場が拡大しなくなると、土地転がしといわれるような不動産の転売や乱開発などによってカネを稼ごうとする動きが強まる、というようにです。日本のバブル経済についても同様に理解することができます。

◈アメリカ以降、ヘゲモニーのあり方はどうなるのか？

以上のようなアリギの論点からいえば、アメリカが1970年代以降、金融市場を拡大していったのは、アメリカの覇権そのものが生産拡大の頭打ちという大きな曲がり角を迎えつつあったことをあらわしています。

事実、アメリカでは70年代以降、経済成長が鈍化するとともに、ベトナム戦争での戦費の負担や「偉大な社会」計画などの福祉政策によって財政赤字が拡大していきました。ドイツ経済や日本経済の追い上げもあり、圧倒的な経済大国ではなくなっていったんですね。

金融市場がどんどん自由化され、拡大されていったのはそんな時期です。まさに金融経済の拡大によって実物経済での成長の鈍化を補おうとしたわけです。

その帰結が、１９９０年代以降に膨らんでいったバブル経済の崩壊によってもたらされた08年の金融危機です。アメリカのヘゲモニーにおいても、生産拡大の局面と金融拡大の局面のサイクルが一巡したわけです。

この点で、08年の金融危機はアメリカのヘゲモニーの衰退を象徴する出来事でした。生産拡大のあとにくる金融拡大そのものが頭打ちになってしまったわけですから。

もちろん、だからといってアメリカのヘゲモニーがすぐに崩壊するというわけではありません。２０３０年までには中国のＧＤＰがアメリカのＧＤＰを抜くといわれていますが、それでもしばらくはアメリカの覇権は続くでしょう。たとえその覇権がかつてのような絶対的なものではなくなったとしても、です。

覇権の交代には時間がかかります。アメリカのＧＤＰはすでに20世紀になるまえにイギリスのＧＤＰを抜いていましたが、アメリカに覇権が移るのは第二次世界大戦後でした。

それにアメリカの覇権を中国がそのまま引き継ぐともかぎりません。中国のＧＤＰもしばらくしたらインドに抜かれると予想されているからです。

アメリカ以降、世界のヘゲモニーのあり方はどのようになるのでしょうか。それはまだわかりません。ただ、おそらくいえるのは、これまでのように一国が覇権を担うという状態はなくなるだろうということです。その場合、世界は二極的もしくは多極的な状態になるのか、あるいは覇権のない無極的な世界になるのか、議論のわかれるところです。

アメリカの覇権の衰退がどのような事態をもたらすのか。それをどのように軟着陸させるのか。今後の世界にとって最大のテーマといっていいでしょう。

（今回の副読本）

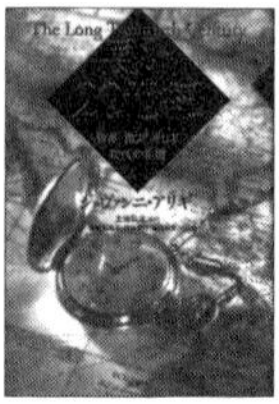

『長い20世紀——資本、権力、そして現代の系譜』

ジョヴァンニ・アリギ／作品社

「アメリカが覇権を握る経済システムの始めと終わり」——20世紀をこう評した世界システム論の第一人者が、アメリカ・ヘゲモニーが終焉を迎える今、新たな覇権はどの国が握るのか、その視座を探る分析論。

（第13講）

「人を殺してはいけない」という道徳と死刑は両立するか？

◈「正しくない殺人」と「正しい殺人」

道徳のなかでもっとも普遍的で根本的なものとは何でしょうか。「人を殺してはいけない」という道徳だ、と多くの人は答えるでしょう。

実際、「人を殺してはいけない」という道徳はあらゆる社会にみいだされるものです（そうでなければ社会そのものがなりたちません）。また、「嘘をついてはいけない」とか「盗みをしてはいけない」「困っている人を助けなくてはならない」といった道徳よりも、はるかに多くの人によって守られています。

もちろん殺人事件はつねに世界のいたるところで起こっている以上、「人を殺してはいけない」

という道徳は人びとによって完璧に守られているわけではありません。しかしそれでも、殺人事件が起これぱほとんどの人は条件反射的に「よくないことが起こった」と考えますよね。その程度には「人を殺してはいけない」という道徳は確固たるものとして人びとのあいだに根付いているといえるでしょう。

しかしその一方で「正しい」とされる殺人も時として存在します。

たとえば死刑です。

死刑制度については内閣府が5年ごとに世論調査をおこなっており、２０１４年の世論調査では死刑制度容認派が80・３％に上りました。09年の世論調査ではなんと85・６％でした。これは内閣府が１９５６年に同様の調査を始めて以来、最高の数字です（ただし当初は5年ごとの調査ではありませんでした）。

もちろんこの85・６％という数字のなかには、積極的な死刑支持派だけでなく、「（ほかにいい代替刑が存在しない以上）死刑もやむなし」と考える消極的容認派も含まれています。また、この世論調査の質問の仕方にしばしば批判がなされるように、質問の仕方によってはこの数字がある程度低くなる可能性もあるかもしれません。

とはいえ、85・６％という数字はやはり圧倒的です。

少なくとも世論調査をされた人びとの大多数が、凶悪犯罪をなした人間に対しては「処罰のために命を奪うこともやむをえない」と考えているわけですから。

いいかえるなら、大多数の人は凶悪犯に対しては殺人（＝死刑）もやむをえないと考えている、ということです。

◈死刑は殺人か？

おそらく読者のなかには「死刑は殺人ではない」と考える人もいるかもしれません。

たしかに死刑はほかの殺人とは異なります。というのも、死刑は法にしたがって合法的になされるものだからです。あらゆる殺人が違法とされるなか、日本では死刑だけは合法です。

しかし、だからといってそれが殺人でなくなるわけではありません。なぜなら、ある人間（受刑者）がほかの人間（刑務官）によって死に追いやられること自体は変わりないわけですから。

つまり死刑においても、他者によって人の命が奪われることには変わりないのです。

まちがってほしくないのは、死刑は、たとえそこにどれほど「正しい」理由があったとしても、それによって殺人でなくなるわけではない、ということです。「死刑は正しいから殺人ではない」とはならないんですね。たとえ正しいことだとしても、そこで人が殺されることには変わりありません。

死刑が殺人のひとつであることには議論の余地がありません。「死刑は殺人か」と問うことは正しくないのです。

この場合、もっぱら問うことのできるのは「死刑は正しい殺人なのか、正しくない殺人なのか」ということだけです。「死刑は殺人か?」と問いたい人は、実際には「死刑は(正しい)殺人か?」と問いたいわけですよね。死刑も殺人の一つであるほかないから、それが正しいかどうかが鋭く問われるのです。

死刑が殺人かどうかという問いと、それが正しいかどうか、許されるべきかどうか、という問いは厳密に区別されなくてはならないのです。

◈死刑を容認するということと「人を殺してはいけない」という道徳との関係

といっても私は、死刑は殺人だからダメだ、と頭ごなしに主張したいのではありません。「死刑制度は是か非か」という問題はここでは置いておきましょう。

私がここで問題にしたいのは、死刑容認85・6%という数字と「人を殺してはいけない」という道徳との関係です。

死刑を容認するということは、時と場合によっては殺人を認めるということです。少なくとも

「凶悪犯を処罰する」というかぎられた場合には「殺人もやむをえない」と考えるということです。

いわばそれは「人を殺してはいけない」という道徳に例外を設けるということですね。

死刑を容認する85・6％の人たちにとって「人を殺してはいけない」という道徳はどんな場合にでも（凶悪犯を処罰する場合にでも）絶対的に守られるべき道徳ではないのです。

たしかにこの場合においても「人を殺してはいけないからこそ、誰かを殺した人間は自らの死をもって償わなくてはならないのだ」というかたちで死刑容認派の立場に一貫性を与えることはできます。

しかし重要なのは一貫性があるかどうかということではありません（したがって、矛盾があるかどうかということでもありません）。

一見すると絶対的なものにみえる「人を殺してはいけない」という道徳が、じつは多くの人たちにとってはそれほど絶対的なものとしてあるのではない、ということが重要なのです。

◈「人を殺してはいけない」という道徳には多くの例外がある

「人を殺してはいけない」という道徳の例外はほかにもあります。間引きや安楽死などです。

現在の日本社会では間引きは違法化されていますが、かつては口減らしのために嬰児を殺すことはしばしばおこなわれていました。これは日本にかぎった話ではありません。

また現在では多くの人が安楽死に賛成しています。

もちろん安楽死についても死刑と同様、賛否両論あります。

また安楽死に賛成といってもいろいろなレベルがあり、できるだけ必要のない延命医療をやめるというところまでしか認めない消極的安楽死の賛成派もいれば、さらに苦痛を軽減するために医師が致死量の投薬をおこなってもよいと考える積極的安楽死の賛成派もいます。

しかし少なくとも、安楽死賛成派においては――とりわけ積極的安楽死の賛成派においては――「人を殺してはいけない」という道徳の絶対性は崩れています。そこでは「安らかで尊厳ある死を迎えるために、本人の事前の同意が確認できるのならば、医師が患者を死に追いやってもよい」というかたちで、条件つきで殺人が認められているわけですから。

戦争が支持されるときも同じです。

2001年9月にアメリカで同時多発テロが起こった直後、多くのアメリカ国民が報復のためにアフガニスタンへの軍事攻撃を支持しました。また、米軍は2011年5月にパキスタンでオサマ・ビンラディン容疑者を殺害しましたが、多くのアメリカ国民はこれを支持しました。

多くの人が信念のレベルでは「人を殺してはいけない」と強く感じていながらも、場合によっては人を殺すことも正しい（あるいは少なくともやむをえない）と考えているという現実――。

これをどう考えたらいいでしょうか？

「人を殺してはいけない」という命法は道徳のなかでももっとも普遍的で根本的なものでした。そうである以上、そこに例外があるということは、道徳というもの自体が絶対的なものでもなければ普遍的なものでもないということでしょうか。つまり、道徳とは時と場合によって左右される相対的なものにすぎないと考えるべきなのでしょうか。

◈カントの定言命法

ドイツの哲学者、イマヌエル・カントはそうではないと考えました。もし道徳が時と場合によって左右される相対的なものならば、道徳に何の意味があるのだろう、と。いかなる場合でも「絶対に守らなくてはならない」と命じてくるものこそ道徳ではないのか、と。

たしかに道徳が時と場合によって左右されるものならば、「友だちを助けるために嘘も仕方なかった」とか「生活に困っていたからやむをえず盗みをした」というかたちでつぎつぎと口実が設けられ、道徳が骨抜きにされてしまいかねません。ひとたび道徳を相対的なものにすぎないと考え、守らなくてもいい口実を認めてしまえば、論理的にはなし崩し的に例外が増殖していってしまいます。

ですので、道徳を実効的なものにするには、やはりカントのいうように「いかなる場合でも絶対に守らなくてはならないもの」として道徳を考えるべきなのかもしれません。

そうした「いかなる場合でも絶対に守らなくてはならない」と命じてくる道徳のかたちをカントは「定言命法」と呼びました。定言命法とは、いかなる条件にも左右されない、無条件的な道徳命題のことです。カントはその定言命法こそ真の道徳のかたちだと考えました。

これに対し、条件つきの道徳命題のことを「仮言命法」といいます。「仮言」とは何らかの仮定・条件のことですね。

たとえば「信用を失いたくなかったら嘘をついてはならない」や「死刑になりたくなければ人を殺してはならない」といった道徳命題がそれにあたります。この場合、「信用を失いたくなかったら」「死刑になりたくなければ」というのが「仮言」すなわち条件に当たります。

仮言命法は条件つきの道徳命題ですから、その特定の条件のもとでしか道徳を守らせることができません。「信用を失いたくなかったら」という条件のもとでしか、嘘をつかないようにさせられないんですね。

要するに、時と場合に左右されてしまう道徳のかたちが仮言命法なのです。

たとえば「信用を失いたくなかったら嘘をついてはならない」という道徳命題でいえば、嘘がバレずに信用を失わない場合であれば嘘をついてもいいことになってしまいます。あるいはその条件を逆手にとられて、「信用を失ってもかまわないなら嘘をついてもいいのか」と反論されてしまうと、仮言命法は有効性を失ってしまいます。

これで本当に道徳といえるのか、というのがカントの問題意識です。嘘がバレようがバレなかろうが、信用を失おうが失わなかろうが、とにかく嘘をつかない——これが道徳ではないか、と。「信用を失わないため」といった、何らかの理由や目的があるから道徳に従うのではない、正しいから従うのだ、とカントは考えるわけですね。

正しいからこそ従うのが道徳である以上、「……なら」という仮言は道徳命題には必要ありません。「（どんな場合にせよ、とにかく）……せよ（……するな）」と命じるのが道徳の本来のすがたでなくてはなりません。カントはそうした道徳の無条件性を「定言命法」として概念化したのです。

◈道徳哲学のひとつの完成形としてのカント哲学

カントのこうした定言命法の考えは、道徳を時と場合によって左右される相対的なものにすぎないと考えてしまいがちな私たちに対する強烈な批判になっています。

私たちは「人を殺してはいけない」と考えながらも、死刑を認めたり安楽死を認めたりして、事実上その道徳に例外を設けています。たしかに道徳を守るべきだと考えてはいても、いかなる場合でも絶対的に守るべきものとまでは考えていないんですね。

しかしカントはそれでは生ぬるいと主張しているわけです。それは道徳に対する冒涜ですらある、と。

カントからすれば、道徳は正しいからこそ道徳なのであって、そうである以上はいかなる状況でも例外なく道徳は守られなくてはなりません。無条件的で普遍的、というのがカントの考える道徳の根本性格なのです。

事実、カントは『実践理性批判』という大著のなかで次のように定言命法を定式化しています。「汝の意志の格率が常に同時に普遍的立法の原理として妥当するように行為せよ」

難しい表現になっていますが、簡単にいえば「あなたのやろうとしていることが、つねに普遍的な原理として妥当するように行為しろ」ということです。要するに、誰もがおこなってもいいと思うことだけをやりなさい、ということですね。

カントの定言命法の考えは道徳哲学のひとつの完成だといわれています。道徳を厳格に考えていけば、どうしてもカントが考えるようにならざるをえないということです。

◆カントもまた死刑を肯定していた

とはいえ、問題はこれで終わりではありません。

というのも、カントは定言命法の普遍性を体現するものとして「汝殺すなかれ（人を殺してはいけない）」という道徳命題をあげているのですが、その一方で『人倫の形而上学』という著作のなかで死刑を肯定しているからです。

繰り返しますが、定言命法とは、いかなる場合においても無条件的に例外なく当てはまる普遍的な道徳命題のことです。カントは、その普遍性・無条件性を体現するものとして「人を殺してはいけない」という道徳をあげています。その一方で、刑罰のために人を死に処することは時として必要だと考えているのです。

これをどう考えたらいいのでしょうか。

カントは単にうっかりしていただけだと考えるべきでしょうか。つまり、もしカントが死刑廃止論者だったなら、それで解消するような問題なのだ、と。

それとも、道徳を普遍的で無条件的なものとして厳密に考えるカントの試みそのものがじつは成功していないと考えるべきでしょうか。

もし後者なら、道徳とはつまるところ絶対的で普遍的なものではなく、時と場合に左右される相対的なものにすぎないということを、カントは身をもって示してしまったことになります。カントの努力にもかかわらず、道徳そのものがじつは仮言的（条件的）なものにすぎないということになってしまうでしょう。

これは道徳の根本にかかわるひじょうに難しい問題です。この問題を考えるためにはカントの道徳論をいま一度じっくりと検討することが必要です。次講でひきつづき考えていきましょう。

（今回の副読本）

『実践理性批判』

イマヌエル・カント／岩波文庫

絶対的な道徳というものは存在しうるのか？　そして人は自らの意思により、それに従うことはできるのか？　『純粋理性批判』『判断力批判』と併せた三批判書により、批判哲学の礎を築いた倫理学史の金字塔。

（第14講）

道徳の根源にあるもの――カントの定言命法について

◆道徳はどこまで普遍的なものなのか

前講では、道徳はどこまで普遍的なものなのか、という問題をとりあげました。そこで考察の対象となったのは「人を殺してはいけない」という道徳と死刑との関係です。２０１４年の内閣府の世論調査では80・3％の人が死刑制度を容認していました。２００９年の世論調査では85・6％です。そのことからわかるように、多くの人は「人を殺してはいけない」と確信しながらも、処罰のためには凶悪犯を殺すのもやむをえないと考えています。つまり、どのような場合であれ（たとえ凶悪犯を処罰するためであれ）人を殺してはいけない、とは考えていないんですね。

「人を殺してはいけない」という道徳には例外がある、ということです。「例外がある」とは、言い換えるなら「どんな場合でも守られるべき普遍的な道徳ではない」ということです。

「人を殺してはいけない」という道徳は、あらゆる社会にみいだされ、かつ私たちが考えうるもっとも究極的な道徳です。にもかかわらずそれが普遍的なものではないということは、道徳そのものがじつは普遍的なものではない、ということにもなってきます。

はたして道徳とは普遍的なものなのでしょうか、それとも時と場合によって左右される相対的なものにすぎないのでしょうか。

◆相反する道徳判断の背後には、それらをなりたたせている共通の道徳意識がある

死刑を多くの人が容認しているという事実から「道徳は普遍的なものではない」と結論づけるのは、じつはそれほど難しいことではありません。

問題はその先です。

道徳は普遍的なものではないということなら、私たちはなぜそれにもかかわらず道徳的な「正しさ」を追求することをやめないのでしょうか。私たちは日常的にさまざまなことがらを「よい・

わるい」と道徳的に判断していますが、それは行き当たりばったりの脈絡のないものにすぎないのでしょうか。

たしかに、多くの人が「人を殺してはいけない」と考える一方で凶悪犯をまえに「奴を殺せ」と考えるのは、一貫していないかもしれません。しかし、そのどちらもが道徳的な判断としてだされている以上、両者の一貫性のなさの背後には、それぞれの判断をなりたたせている、より根源的な道徳意識があるはずです。

これは、道徳の源泉はどこにあるのかという本質的な問題です。

その問題を考えるために、ふたたびカントの道徳論をとりあげましょう。

◈カントもまた一貫性のなさに陥っていた

前講でもお話ししたように、カントは、道徳は普遍的でなければならないと考えました。つまり、時と場合によって左右されるようなものであってはならない、と。

たとえば「悲しむ人がいるから、人を殺してはいけない」という命法は、カントにいわせれば決して本当の道徳ではありません。なぜなら、この命法に対しては「悲しむ人がいなければ、人を殺してもいいのか」という反論がなりたってしまうからです。

「人を殺してはいけない。なぜなら、自分がされたくないことを人にしてはならないからだ」という命法も同じです。ここからは「自分は殺されてもいいと思う人は、人を殺してもいいのか」という反論が必然的に生まれてしまいます。

こうした反論を防ぐには、道徳は「(悲しむ人がいようといまいと)とにかく人を殺してはならない」「(自分は殺されてもいい、と思おうが思わなかろうが)とにかく人を殺してはならない」という命法であらわされなくてはなりません。

こうした、いかなる条件にも左右されない命法をカントは「定言命法」と呼びました(これに対して「悲しむ人がいるから、人を殺してはならない」というような条件つきの命法は「仮言命法」といわれます)。

つまり、道徳は「悲しむ人がいるから」とか「自分がされたくない以上」といった条件をともなわない「定言命法」のかたちであらわされなくてはならない、ということです。この無条件性が、道徳の普遍性を保証するのです。

カントは「人を殺してはいけない」という道徳こそ、こうした定言命法の代表だと考えました。しかしその一方で、彼は死刑を肯定しています。「人を殺してはならない」と考えながらも死刑を容認する多くの日本人と同じ「一貫性のなさ」に、カントも陥っていたんですね。道徳の普遍性を主張している分だけ、カントのほうが問題は深刻だともいえる。前講で指摘したのはその深刻さです。

◈ベッカリーアの死刑廃止論とカント

カントが死刑を肯定したのは、イタリアの法学者チェーザレ・ベッカリーアが『犯罪と刑罰』のなかで死刑への反対論を展開したことに対抗してでした。

ベッカリーアの死刑反対論は当時としてはひじょうに斬新で、罪刑法定主義にもとづいたその立場は近代刑法学の始祖とされるぐらいです（ちなみに罪刑法定主義とは近代刑法におけるもっとも重要で基本的な原則で、どのような行為が犯罪となり、その犯罪に対してどれぐらいの刑罰が課されるのかは、あらかじめ刑法などの法律によって定められていなくてはならない、という原則のことです。言い換えるなら、法に定められていないことであれば、どれほど統治権力がそれを気に入らないと思っても人は罰せられることはない、という原則のことです）。

その死刑反対論に対してカントは、「他人に危害や損害を与えたものは、それと同等の不利益を与えられることによって処罰されなくてはならない」という考えから死刑を肯定しました。これは応報刑論と呼ばれます。いわゆる「目には目を、歯には歯を」という考えですね。

カントからすれば、人を殺した者は刑罰によって同じように死に処されるのでなければ、どこに正義が実現されるのか、というわけです。

◆カントが考えた定言命法の根本法則は、じつは隠れた仮言命法である

問題は、こうしたカントの死刑肯定論と、「人を殺してはいけない」という定言命法がどうつながっているのか、ということです。

そのつながりを解くカギは、じつはカントの定言命法の考えそのもののなかにあります。

カントは定言命法の根本法則を次のように定式化しています。「汝の意志の格率が常に同時に普遍的立法の原理として妥当し得るように行動せよ」。

難しい言い方ですが、要は、自分のとろうとする行動規範が、誰がやっても問題ないものとなるように行動せよ、ということです。定言命法の根本法則とはつまり、「自分だけはいい」というのは許されない、みんながやってもいいと思うことだけをせよ、ということですね。

こうした根本法則に自分の行動規範を照らしあわせることで、その行動規範ははじめて普遍的な道徳になるのだと、カントは考えたのです。

しかし、です。

この根本法則をもう一度よくみてください。「汝の意志の格率が常に同時に普遍的立法の原理

として妥当し得るように行動せよ」(自分のやろうとすることが、誰がやっても問題ない普遍的な原理となるように行動せよ)。

よくみるとこれは、定言命法の建前を裏切っていませんか。

というのも、この根本法則が述べていることは要するに「ほかの人にしてほしくないことは自分もするな」ということですから。

これを「人を殺してはいけない」という道徳にあてはめると、「自分が殺されたくないなら、人を殺してはいけない」となりますね。

つまり、カントが定言命法の根本法則として考えているのは、じつは隠れた仮言命法なのです。

ここから、なぜカントが死刑を肯定できたのかがわかります。

この根本法則からいえば、人を殺すということは、それが普遍的立法の原理となって、他人も自分を殺してもいいということを自分自身の行為によって認めるということにほかなりません。その根本法則は、普遍的立法の原理となってもいいことだけを行為せよ、と命じているわけですからね。それにもとづけば、人を殺すことは必然的に死刑を受け入れることになるのです。

ここにあるのはまさに「自分のしたことはそのまま自分に跳ね返ってくるけど、それでもいいのか」という広い意味での応報論です。

カントが応報刑論の立場から死刑を肯定したことはすでにみました。カントの定言命法の考えにも、じつは応報論が隠れている。その応報論によって、「人を殺してはいけない」という定言命法と死刑肯定は論理的につながっているのです。

◈道徳の根本にあるもの

この広い意味での応報論こそ、互いに矛盾するようにみえるそれぞれの道徳判断を貫いている、根本的な道徳意識にほかなりません。

カントがみずからの道徳哲学において図らずも示してしまったように、定言命法の根底には、じつは「自分がされたくないことを他人にしてはいけない」という応報論的な根本法則がありました。「自分がされたらいやなことは他人にもしない」という応報的なルールの観念が、一見絶対的で普遍的な「人を殺してはいけない」という道徳を説得的にしているんですね。

カントが死刑を肯定したのも、「自分がされたくないことを他人にしたら、自分もそれをされることを覚悟しなくてはならない」という応報論からです。その応報論が応報刑論として――すなわち「他人に危害や損害を与えたものは、それと同等の不利益を与えられることによって処罰されなくてはならない」という応報刑論として――表現されたのです。

死刑を肯定することと、「人を殺してはいけない」という道徳を絶対的なものだとみなすことは、その内容だけをみれば矛盾していますが、その根底では応報論的な道徳意識によってつながっているのです。

こうした根源的な道徳意識としての応報論は、天秤の比喩であらわすことができるでしょう。たとえば応報刑論では、「他人に与えた危害」が片方の天秤にかけられて、「それと同等と考えられる不利益による処罰」がもう片方の天秤にかけられます。それが釣り合ったときに道徳的に「正しい」とされるのです。

カントが考えた定言命法の根本法則も、事実上、同じような「天秤の釣り合い」を想定しています。というのも、そこで道徳的に「正しい」とされるのは、「自分がおこなおうと思っていること」と「誰もがおこなってもいいと思えること」が一致することですから。だからこそ「みんながおこなったら困るようなことは自分もしてはならない」という応報的な原則がでてくるのです。

もちろんこうした天秤の釣り合いは死刑肯定論だけにみられるものではありません。たとえば死刑反対論ではしばしばこう言われることがあります。「犯罪者が自分のおかした罪を心から反省して、更生にむけた努力をしているのに、なぜ死刑にするのか？」と。

つまりここでは「心からの反省・更生にむけた努力」と「死刑」を天秤にかけたら釣り合わない、ということが主張されているわけですね。

死刑反対論のなかで「死刑は犯罪者から永遠に反省し更生する機会をうばう刑罰だから、無意味で残酷だ」という主張がなされるときも同じです。そこでは「心からの反省と更生への努力≠死刑」という「天秤のアンバランス」が観念されているわけですから。

ほかにも、死刑反対論で「犯罪者の育った環境が劣悪だったことを考えるなら、死刑は重罰すぎる」といわれるときも同じです。そこでは「誰も生まれながらにして犯罪者であるわけではない、育った環境によって犯罪にむかってしまうのだ、だから本人だけに罪をすべて負わせて死刑にするのは残酷だし、社会の責任放棄だ」というかたちで「天秤のアンバランス」が観念されています。

死刑を肯定する人たちはもちろんこの「天秤のアンバランス」には反対するでしょう。「あんな凶悪な犯罪をおこなった以上、いくら心から反省したとしても、死刑ではまだ軽すぎる」と。あるいは「育った環境が劣悪だった人でもまじめに生きている人はいる、だから環境を理由に刑罰を軽くすることはできない」と。

ただ、死刑反対派・肯定派のどちらにおいても「天秤の釣り合い」によって道徳の正しさを考えていることには変わりありません。どちらも「天秤が釣り合うべき」だと考えたうえで、「何と何が釣り合うのか」という点で意見が異なっているにすぎないのです。

私たちは先に、道徳とは時と場合によって左右される相対的なものにすぎない、ということを確認しました。

道徳が相対的なのは、まさに「天秤のお皿に何をのせるべきか」「何と何をのせたら天秤が釣り合うのか」ということが、個々人の意見によっても、そのときの状況によっても異なってくるからにほかなりません。

凶悪犯罪をおかした人のなかには「レイプしようとしただけなのに、あまりに騒ぐから仕方なく殺した」と、みずからの卑劣な犯行を正当化する人さえいます。私たちからすればそんな正当化はまったく受け入れられるものではありませんが、それが少なくとも本人にとっては正当化の方便になりうる程度には、天秤のお皿にはどんなものでものせることができるし、またどんなものでも「釣り合う」と強弁することができるのです。それだけ道徳は相対的なものだということです。

しかし、いくらその中身が時と場合によって左右される相対的なものにすぎないとはいえ、道徳的判断がそもそもなりたつためには、天秤の存在そのものは不可欠です。それがなければ「正しさ」を計ることができません。この意味で、「天秤が釣り合うべき」という応報的な観念こそ、あらゆる道徳の根本にあるものなのです。

その応報的な観念とは、言い換えるなら、「価値のふさわしさ」をめぐる観念だということもできるでしょう。あることがらとあることがらを天秤にかけるということは、その両者の価値が互いにふさわしいものなのか（釣り合うものなのか）を確かめることだからです。

私たちが自分に優しくしてくれた人を憎めなかったり、がんばっているのに周りから認められないときに不満を募らせたりするのは、この「価値のふさわしさ」をめぐる応報的な観念があるからにほかなりません。

道徳は相対的なものです。

どんな場合にも当てはまる普遍的な道徳というものはありません。

しかし、だからといって、道徳をなりたたせている根本的な価値の観念を否定することはできません。その観念は、あらゆる道徳がそれなしでは成立しないという意味で、やはり普遍的なものだといえるのです。


（今回の副読本）

『犯罪と刑罰』
チェーザレ・ベッカリーア／岩波文庫
フランス革命から遡ること25年前に上梓。当時の封建的刑罰制度の中で執行される、死刑と拷問の廃止を訴えた初の書物として名高い。その後のヨーロッパ各国における近代刑法改革のきっかけとなった名著。

（第15講）

人類社会で「近親相姦の禁忌」が根源的な規範になった理由

◈インセスト・タブーという普遍的な道徳規範

これまで2回にわたって「人を殺してはいけない」という道徳と死刑との関係について考えてきました。「人を殺してはいけない」という道徳はあらゆる社会に見いだされる普遍的な道徳ですが、もしこれと同じくらい普遍的な道徳がほかにもあるとしたら、それは何だと皆さんなら答えるでしょうか。

2008年4月9日の朝日新聞（ｗｅｂ版）にこんな記事がありました。引用しましょう。

オーストラリアで61歳の父と39歳の娘が恋愛関係となり、2人の間には生後9カ月の女の子まで誕生。2人は豪民放テレビ番組に出演し、「私たちは成人として同意して関係を持った」などと理解を求めたが、視聴者らからは「不謹慎だ」「生まれた子どもは将来何と思うだろうか」といった非難が噴出している。

2人は南オーストラリア州に住むジョン・ディーブスさん（61）とジェニファーさん（39）。ジェニファーさんが幼児の時にジョンさんは最初の妻と離婚。父娘は00年に30年ぶりに再会したが、お互い親子とは気づかなかったという。ジェニファーさんは「クラブで出会うような男性として意識し、深い関係となった」。2人は3月、州裁判所から性交渉禁止と3年間の保護観察処分の命令を受けた。

番組でジョンさんは「娘と関係を持つのは違法と分かっていたが、気持ちが理性に勝ってしまった」、ジェニファーさんは「私たちの気持ちを理解し、尊重してほしい」とそれぞれ訴えた。だが、番組のホームページには「理解できない」「この父娘には責任という感覚がないのか」などのコメントが殺到している。

オーストラリアはほかの先進国と同じように自由恋愛が認められている社会です。にもかかわらず、なぜこのカップルに対して視聴者から非難が噴出したのでしょうか。

それは、夫婦間を除く近親者のあいだで性交や結婚を禁止するという強固な道徳規範がそこにはあるからです。その禁止を「インセスト・タブー」といいます。

　このタブーは、家族という制度があるところ、文化や歴史をこえてあらゆる社会にみいだされるものであり、「人を殺してはいけない」という道徳規範に匹敵するほどの普遍性をもった道徳規範です。

◈結婚とはそもそも何なのか

　では、なぜインセスト・タブーなどという道徳規範がこんなにも広く存在するのでしょうか。

　二〇世紀に活躍したフランスの人類学者、クロード・レヴィ＝ストロースは、インセスト・タブーを集団間で女性の交換を実現するための制度だと考えました。つまり、家族のなかに家族内の誰とも性交渉をしてはいけない娘をつくって、その娘をほかの家族とのあいだで交換する、ということです。

　レヴィ＝ストロースによれば、これが結婚制度の原型となりました。結婚はもともといくつもの親族間で娘を交換する制度として始まったのです。

　20世紀に入るまで人類の社会には恋愛結婚などというものがほとんど存在しなかったのはそのためです。長いあいだ、結婚はそもそも自分の意志でするものではありませんでした。とくに女性にとってはそうでした。親族がコーディネイトしてきた相手と黙って結婚するのが、多くの場合ならわしでした。

お見合い結婚だってそうです。

いまではお見合い結婚でも恋愛的な要素が重視されるようになりました。まずはお見合いをして本人たちが知り合って、その後、お互いを気に入れば結婚する、というように。

しかし、そのように本人たちの意志が尊重されるようになったのはきわめて最近のことです。20世紀半ばぐらいまでは日本でも、結婚式の当日に結婚相手とはじめて会うという結婚の仕方がまだまだ残っていました。

とはいえ疑問は残ります。

そもそもなぜ娘を親族間で交換する必要があったのでしょうか。

その理由は、親族間で新たな姻族関係を結び、より大きな共同体のもとでの協力関係をつくるためです。

これについては、かつてのヨーロッパで貴族同士の結婚が政略によってなされていたことを考えるとわかりやすいかもしれません。日本でも同じですよね。朝廷や大名たちの結婚は、家同士の関係作りのためにおこなわれていました。

結婚はこの点でひじょうに共同体的なものです。家族という共同体の発展のために、そしてその家族がほかの家族とより大きな共同体的な関係に入るために、なされるわけですから。

これに対して恋愛は個人主義的です。

いまでもよく恋愛と結婚は別だといわれますよね。恋愛では考慮しなくてもよかった家族（とくに両親）の意向が結婚では重視されるのは、両者のあいだにそもそもの性格の違いがあるからです。

その両者が一致してきたのが20世紀後半でした。人類社会の長い歴史のなかでみれば、恋愛結婚というものはきわめて近年の発明物なんですね。

それ以前は、恋愛とはまったく関係なく、女性は嫁にだされていました。それによって親族のあいだで新しい親類関係を構築するのが、結婚のもともとの社会的機能だったのです。

そうした本来の結婚では、親族間で協力関係をつくるために娘を差し出すわけですから、その娘は相手側の家族（の若旦那）が所有するに足る貴重なものでなくてはなりません。だからこそインセスト・タブーが強い道徳規範として確立したのです。

若い女性の性の管理に社会が大きな関心をもつのもこのためです。現代でも、若い女性の性行動があまりにフリーになることに対して、とても強い警戒心が示されますよね。男性の性行動が放埓になることは何の問題視もされないこととは対照的です。

インセスト・タブーとは、本来なら男たちの奪い合いの対象となりうる若い女性の性を、親族間の協力関係を築くための交換材料としてもちいるための社会的規範なのです。

◈家族の起源はどこにあるか——サルの子殺し

では、そもそもなぜ家族というものが存在するのでしょうか。インセスト・タブーという規範を内在させて、娘の交換をする家族とはそもそも何なのでしょうか。

霊長類学者の山極寿一は『暴力はどこからきたか』のなかで、これを霊長類の子殺しから説明しています。

霊長類の子殺しというと、聞き慣れない人は驚くかもしれません。が、ゴリラやチンパンジーなどの霊長類ではしばしば子殺しの現象が生じます。

では、どんなときに子殺しがおこなわれるのでしょうか。

たとえばそれは、ゴリラの群れの核オスが外からやってきた別のオスに倒されて、群れがそのオスに乗っ取られてしまった場合です。群れを乗っ取った新しいオスは、メスから子どもを取りあげて殺してしまうのです。

チンパンジーでも、群れに加入してきたばかりのメスが出産をすると、その子どもが殺されてしまう例が少なくないといいます。

どちらにおいても、オスは自分が交尾をしていないメスの子どもを殺す傾向があるのです。研究者たちの長年の観察によって、こうした子殺しは、血気盛んなオスがみずからの子孫をたくさん残そうと、メスの性をめぐって互いに競合した結果であると理解されるそうです。つまり、ほかのオスの子どもを排除して、みずからの生殖機会を増やそうとする戦略ですね。実際、自分の子どもを殺されたメスは、授乳が止まることで性欲を高めるホルモンが分泌され、発情しやすくなるそうです。

こうした子殺しを防ぐために、メスは強力なオスの保護を求めるようになります。つまり、オスが子どもに対して父性を感じることができるほど長期間、オスに連れ添うようになるんですね。メスがオスと長期の絆をむすぶ性質を発達させてきたのは、このためだと考えられています。夫婦の原型がここにありますね。

また、オスのほうはオスのほうで、一匹だけで群れを守っているとほかのオスにやられやすいので、自分の息子と共同で群れを守る傾向をもつようになります。

ただしそのためには、核オスが群れのメスを独占することをやめて、父と息子がひとつの群れのなかで交尾相手を重複させないようにすることが不可欠です。メスの性をめぐって父と息子が競合したら、ひとつの群れのなかで両者が共存し、協力することは不可能だからです。

インセスト（近親相姦）の禁止はこうして生まれてきました。その禁止はじつはいくつかの類人猿でもみられる現象なんですね。

◈暴力を抑止するためのインセスト・タブー

類人猿の行動をどこまで人類の進化に当てはめることができるのかという問題はありますが、以上のことは人類社会におけるインセスト・タブーの根拠を理解するうえで、ひじょうに示唆に富んでいます。

インセスト・タブーは、親族のなかで性的関係をもつことができる相手を限定することで、血縁関係にある男たちが女の性をめぐって競合することを抑止し、彼らの共存・協力関係を築き上げるという役割をもつのです。

まずは父と息子のあいだで、次に息子同士のあいだで、互いの配偶関係が限定され、共存・協力関係がつくられる。

家族はこのようなメカニズムのもとで生まれました。

山極寿一は、家族の存立にははじめからインセストの禁止という規範が埋め込まれており、そのインセストの禁止を介してほかの家族とつながっている、と述べています。

まさにこうした家族の延長に女性の交換としての結婚もあります。

どちらにおいても、男による奪い合いの対象となりうる女の性が誰に帰属するのかを共同体のもとで限定することで、男たちの協力関係をつくるという機能が働いているのです。

インセスト・タブーが「人を殺してはいけない」という道徳と同じぐらいの普遍性をもつのはここに理由があります。どちらの道徳規範も、集団内部での暴力を抑止し、仲間同士の結束を強めることを呼びかける根源的な規範だからです。

人類社会は「人を殺してはいけない」という道徳規範をかかげながらも、死刑や戦争の場合にはその道徳規範を棚上げするどころか、人を殺すことを積極的に肯定してきました。そうしたダブルスタンダード（二重規範）は、そもそも人類にとっての道徳規範が、仲間同士で結束しながら、他の集団との競合のなかで生き抜いていくために形成されてきたものであることに由来しています。

だからこそ現代の社会でも、社会の秩序、すなわち集団内の結束を守れずに殺人を犯した人間に対しては「死刑にしろ」という声がでてくるわけだし、われわれ集団の存続を脅かすような敵に対しては容赦なく攻撃しろという声もでてくるのです。その道徳的傾向はいまでも根本的には変わっていません。

（今回の副読本）

『暴力はどこからきたか　人間性の起源を探る』

山極寿一／ＮＨＫブックス

６５００万年前に誕生したという霊長類。われわれ人類は、霊長類の進化の中で暴力性とその抑止の方法を身に付けてきた。他の哺乳類とは明らかに異なる霊長類の行動から、人類の社会性起源に迫る意欲作。

（第16講）

ヤクザ組織と国家のあいだにあるもの

◈大物芸能人がヤクザとの交際を理由に引退したことについて

２０１１年８月、お笑いタレントの島田紳助さんがヤクザと付き合いがあったことを理由に芸能界を突然引退しました。これは多くの人を驚かせました。

いつもテレビでみていた大物芸能人までもがヤクザとつながっていたことに驚いた人もいれば、逆に、いくら相手のヤクザがその世界の大物だったとしても（後の報道では、相手のヤクザは山口組のナンバー４だということが伝えられました）、ヤクザとの交際だけで芸能界を引退しなくてはならない昨今の世情の厳しさに驚いた人もいるでしょう。

さらには、引退の記者会見に同席した「よしもとクリエイティブ・エージェンシー」の水谷暢宏社長によれば、紳助さんとヤクザとの交際については同年8月中旬に外部から情報提供があり内部調査をしていたということですが、その情報提供者とは誰なのか、と疑問をもった人も少なくないようです。なかには、この年の10月から東京都と沖縄県で施行され、それによって全ての都道府県で施行されることになった暴力団排除条例のためのデモンストレーションだったのではないか、と考える人もいるようです。

私が思ったのは、紳助さんは果たしてどうすべきだったのか、ということでした。

記者会見やその後の報道によると、紳助さんは十数年前にテレビでの発言で右翼団体から激しい抗議を受けてしまい、警察もテレビ局も所属事務所も助けてくれず、芸能界をやめようと考えるまで追い詰められたそうです。その問題をヤクザが解決してくれたことで恩義を感じ、交際が始まったということです。

私の知人も同じような問題に直面したことがありますが、民事不介入を掲げる警察は、たとえ政治団体とのトラブルであっても刑事事件にならないかぎり何もしてくれません。

これは当然といえば当然でしょう。刑事事件も起こっていないのに警察がいろんな問題に介入してきたら、それはそれでひじょうに恐ろしいことです。

また、紳助さんの場合、相手が右翼だったということで、テレビ局も所属事務所も面倒を避けて何もしてくれなかったということです。警察や会社など、普通なら頼れるはずのところに頼れない。こうした状況に置かれたとき、はたして私たちはどこに助けを求めたらいいのでしょうか。

◆暴力を背景にトラブルを解決するという仕事

私はなにもヤクザに頼ることが正解だということが言いたいわけではありません。そうではなく、ここにはじつは哲学的にみて大きな問題があるということです。

しばしばヤクザの仕事は「トラブルコンサルタント業」だといわれます。つまり、みずからの暴力を背景に人びとのトラブルを解決するのがヤクザの仕事だ、ということですね。

わかりやすい事例でいえば、飲食店などがヤクザに支払う「みかじめ料」があります。「みかじめ」というのは「取り締まり・監督」といったほどの意味で、「みかじめ料」とは要するに「用心棒代」ということです。

飲食店はこのみかじめ料をヤクザに支払うことで、たとえば酔った客が店の女の子にしつこくつきまとって店の営業に支障をきたしたり、チンピラが店に嫌がらせをしながらゆすりにきたりしたときに、そのトラブルを解決してもらうのです。

みかじめ料を支払っている飲食店のなかには、ヤクザに「面倒をみてやるから」といわれて強要されて支払っているところもあれば、とりたてて強要されていなくても自発的に支払っているところもあります。

なぜ強要されてもいないのに飲食店はみかじめ料を自発的に支払うのでしょうか。

それは、警察にトラブル解決を頼めない、あるいは頼みたくない事情がその店にあるからです。

たとえば非合法な商売をやっているところは当然、トラブルがあっても警察には訴えられませんよね。自分のほうが捕まってしまいますから。

また、非合法な営業をやっていない店でも、トラブルがあるたびに店の前にパトカーがくるようでは客足が遠のくからと、警察による介入を嫌がるところもありますし、ゆすりが上手なチンピラなら刑事事件にならない範囲で嫌がらせをしてきます。

◈みかじめ料を払う自由と、税金を払わない自由

では、警察に取り締まりやトラブル解決を頼るのと、ヤクザに取り締まりやトラブル解決を頼るのとではどこが異なるのでしょうか。

じつは両者の違いは思ったほど明白ではありません。

まず、私たちは税金を払うことで警察組織をなりたたせ、自分たちを守ってもらっています。

みかじめ料をヤクザに支払って自分を守ってもらうのと同様、「お金を払って保護してもらう」

という点は警察の場合も変わりません。

もしかしたら読者のなかには「税金は市民が自発的に払っているものだが、みかじめ料は強要されて払っているものだ」と考える人がいるかもしれません。

しかし、その考えはそれほど正しくはありません。

まず、いま述べたように、みかじめ料を支払っている人のなかには自発的にそうしている人もいます。

また、市民が税金を自発的に支払っているという点も正確ではありません。

なぜなら、たとえ社会のなかには税金を気持ちのうえでは自発的に支払っている人がいるとしても、その人たちを含めて私たちには「税金を支払わない自由」がないからです。もし私たちが税金の支払いを拒めば、最終的には脱税として逮捕されてしまいます。

税金を支払わない自由が認められていて、それでもなお税金を支払っている人がいれば、その人たちは自発的に税金を支払っていることになるでしょう。税金を自発的に支払っているといえるのは、払わなくてもいいのに税金を払っている場合だけです。

つまり、税金とは強制的なものなのです。私たちは税金として定められたお金を払えば警察に守ってもらえるが、そのお金を払わなければ逆に警察に捕まってしまうのです。

これは、所定のみかじめ料を払えばヤクザに守ってもらえるが、払わなければ逆にヤクザから嫌がらせをされたり痛い目にあわされてしまうことと、構造的にはまったく同一です。どちらも暴力がお金を生んでいるのです。

◈お金を払って保護してもらうことが、最初の社会契約である

17世紀に活躍したトマス・ホッブズは、社会契約説によって近代国家のなりたちを基礎づけたパイオニアですが、彼はまさにこうした構造のなかにこそ国家の起源があると考えました。一般に社会契約説は、諸個人がこれからは暴力を行使しないということを互いに約束（契約）することで国家を打ち立てたという理論として知られています。

ホッブズもそうした理論を展開してはいるのですが、それと同時に別のかたちの社会契約説も展開しています。その契約のかたちとは、弱者が強者に痛い目にあわされないようにお金を払い、それによって逆にその強者に保護してもらう、というものです。要するに、強者が人びとから税金を徴収し、それによって治安を守る、ということですね。

こうした契約こそ、国家をなりたたせる原初的な契約だとホッブズは考えました。

なぜ税金の支払いを強要されることが「契約」だと考えられるのかというと、弱者はそれを支払うことで強者から「痛い目にあわされず、さらに保護してもらう」という対価を受け取ること

ができるからです。

つまりそこではどちらも利益を得るわけですね。一方はお金を受け取るという利益を得て、他方は痛い目にあわされずに、さらに他の悪漢から保護してもらうという利益を得るのです。そうした契約がいやなら、弱者は逃げるか強者と対決すればいいだけのことだ、とホッブズはいいます。

強者が一方的に人びとから税を徴収し、彼らを保護しつつ支配する。これが国家をうみだした原初的契約だとホッブズは考えるのです。

◆国家とヤクザ組織はどこが違うのか

では、税金とみかじめ料のあいだには何の違いもないのでしょうか。

そうではありません。

ただ、その違いを「税金（つまり国家）は公共的で、みかじめ料（つまりヤクザ）は公共的ではない」と考えることはできません。というのも、それだと国家はより多くの人びとから支持されたヤクザ組織にすぎず、またヤクザ組織も公共的なことをして多くの人から支持されれば国家になりうる、ということになるからです。

公共性や人びとからの支持といったものは、じつは国家を考えるうえで適切な概念ではないのです。

これに対して、ホッブズは合法性の有無が両者を分けると考えました。すなわち、国家による税の徴収は法にもとづいており、ヤクザによるみかじめ料の徴収は法にもとづいていない（つまり違法なものである）、ということです。ホッブズの考えはひじょうに明快です。

では、なぜ特定の組織（つまり国家）だけが法のもとでお金の支払いを強要できるのか。

そもそも法とは何なのか。

こうした問題がここから必然的にでてきます。ヤクザを考えることは、こうした国家論の核心的な問題を思考することにつながっているのです。

（今回の副読本）

『リヴァイアサン』
トマス・ホッブズ／岩波文庫
近代政治思想を築き上げたイギリスの哲学者による社会契約論。人間の自然状態を戦争状態にあるとして、その人間の分析から国家の性質や構造を論じ、絶対的な権力を持つ国家を旧約聖書に登場する海獣に例えた。

（第17講）

なぜ日本の外交力は弱いのか——普遍主義と文化相対主義の対立

◈麻薬を持ち込もうとしただけで死刑という厳しさ

2011年10月、マレーシアの高等裁判所は37歳の日本人女性に死刑判決を言い渡しました。この日本人女性は、2009年10月にアラブ首長国連邦のドバイからクアラルンプール国際空港に到着したとき、手荷物のなかに覚醒剤約3・5キロ（当初の報道では4・7キロ）を隠し持っているのを発見されて、逮捕されました。そしてその後、危険薬物取締法違反で起訴されていたのです。

公判でこの日本人女性は、ドバイでイラン人の知人から荷物を預かったが、覚醒剤が入っていたとは知らなかったと主張しました。

しかし別の報道によれば、彼女は同じ年の9月に2回、10月に3回とクアラルンプール国際空港を利用し、ドバイやマレーシアなどを行き来していたそうで、現地の捜査当局からは、大掛かりな麻薬密売ルートの運び屋だったのではないかとみられているそうです。

実際にこの日本人女性が荷物のなかに覚醒剤が入っていることを知っていて、それを密輸しようとしたのかどうかはわかりません。

ただ、どちらにせよ、麻薬を持ち込もうとしただけで死刑というのは、日本の法の基準からするとかなり厳しいものです。厳しすぎるとすらいえるかもしれません。彼女自身、どこまでこの厳罰主義を理解していたでしょうか。報道によれば、彼女は逮捕されたあと、電話で日本にいる母親に「こんなことになってごめんなさい」と泣きながら謝っていたそうです。

◆あまりに違う日本政府と英国政府の対応

主権国家の原則からいけば、どれほど厳しい刑罰であろうとそれがその国の主権のもとで決定されたものであれば、他国の政府は口出しできません。

したがって日本政府は、たとえこの日本人女性の死刑判決が最終的に確定したとしても、国民の生命を守るための要望をマレーシア政府に対しておこなうことはないでしょう。

実際、2010年4月に中国で邦人4人が麻薬密輸罪で死刑執行されたときも、日本政府は中国政府に対して正式抗議はしませんでした。したことといえば、岡田克也外務大臣（当時）が駐日中国大使を外務省に呼んで、日本国民の対中感情に悪影響がありうるという懸念を表明したことだけです。死刑反対の立場にたつ千葉景子法務大臣（当時）も、この中国での死刑執行については「おかしいとか抗議を申し上げる立場にはない」と述べるにとどめました。

とはいえ、こうした日本政府の対応は、国際政治の舞台においては必ずしも「当たり前のこと」とは言えません。

たとえば中国で2009年12月に同じく麻薬密輸罪で英国人の死刑が執行されたとき、ブラウン英首相（当時）は声明をだし、「われわれの釈放を求める要求が認められなかった」と失望をあらわにしながら、「最大限の強い言葉で執行を非難する」と述べました。

つまり、麻薬の密輸という、本国ではとうてい死刑には当たらない犯罪（そもそも英国では通常犯罪に対する死刑は廃止されています）で死刑執行されてしまう国民をめぐって、英国政府は中国政府に対して正式に、死刑を執行しないよう要請し、死刑が実際に執行されてしまえば非難声明をだしているのです。

どちらがよいのかという問いはとりあえず置いておくとしても、日本政府と英国政府の対応の差は歴然です。

◆文化相対主義にたつ日本政府

じつは日本政府には英国政府のようには対応できない理由があります。

2002年5月に、日本がオブザーバー国になっている欧州評議会（1949年設立、EUとは別組織）のセミナーで、当時の森山真弓法務大臣がスピーチをおこなったときのことです。森山法相は死刑について、日本語の「死んでお詫びをする」という表現をもちだし、「この慣用句には我が国独特の、罪悪に対する感覚、が表れているのではないかと思います」と発言し、死刑は日本の文化であるという議論を展開しました。

設立以来、人権や民主主義の分野で積極的に活動してきた欧州評議会は、日本の死刑制度についてもたびたび批判し、死刑制度を廃止しないかぎり日本のオブザーバー資格を剥奪するとまで主張してきました。

森山法相のスピーチは、こうした欧州評議会の批判に対して、日本の死刑制度を「日本の文化」として正当化しようとするものでした。

しかし結果はさんざんで、逆に「死刑は人権の問題であり、文化の問題ではない」という反発を森山法相は受けてしまったのでした。

ここには人権をかかげる普遍主義と、各国の文化の固有性を重視する文化相対主義との対立があります。

もし当時の森山法相のように死刑は文化の問題であるという立場に私たちがたつのであれば、たとえ中国やマレーシアの政府が麻薬密輸罪で日本人を死刑にしても、決して文句はいえないでしょう。「麻薬犯罪は私たちの国の文化ではどんな犯罪よりも凶悪で重大な犯罪なのです」と中国やマレーシアにいわれてしまったら、文化相対主義はそれを尊重せざるをえませんから。

さらにいえば、イスラム教圏ではしばしば、未婚女性が婚前交渉をしたり、既婚女性が不倫をしたりするだけで死刑や私刑（「名誉の殺人」といって、不貞をはたらいた娘を家族が処刑すること）になってしまうことがありますが、文化相対主義にたつかぎりそれも認めざるをえません。

文化相対主義は他国の人権侵害に対してどうしても弱腰になってしまうのです。

◆価値の序列のもとで他者を見下す普遍主義の陥穽

とはいえその一方で、日本を含む多くの非欧米諸国では、欧米諸国のかかげる普遍主義を素直に受け入れられない人が多いのも事実です。

というのも、これまで欧米諸国は、人権や民主主義、人類の進歩といった普遍主義の名において、周辺諸国への武力攻撃や侵略、植民地化を正当化してきたからです。

パレスチナ出身の文学研究者であるエドワード・W・サイードは主著『オリエンタリズム』のなかで、ヨーロッパ列強によるアジア・アフリカ地域の植民地化が、いかにこの地域の人びとを見下すイデオロギー（これをサイードは「オリエンタリズム」と呼びます）とともに進行したのかを鋭く指摘しています。

普遍主義はどうしても「普遍的価値を体現しているものと体現していないもの」「より進歩しているものと進歩していないもの」という価値の序列を設定してしまいます。それが、文化や民族のあいだに優劣をつけ、特定の民族や国家が世界のなかで支配的な地位にあることを正当化してしまうのです。

◆安易に文化をもちだしてしまう日本の外交力の弱さ

では、普遍主義と文化相対主義のどちらを私たちは選択すべきでしょうか。

これは難しい問題です。

ただ、少なくとも言えるのは、形式的には普遍主義のほうが優れているということです。

というのも、文化相対主義が「それぞれの文化には固有の価値があり、そのあいだに優劣をつけることはできない」と主張するとき、その主張が妥当性をもつためにはそれ自体普遍的なテーゼ（命題）として主張されるしかないからです。普遍的になりたつものとして主張されるのでなければ、そもそも文化相対主義そのものがなりたちません。

私たちは普遍主義から逃れられないんですね。

もちろん問題はこれで終わりではありません。

というのも、たとえば死刑についていえば、そもそも死刑廃止のほうが死刑存続よりも普遍的なのか、という問題が残るからです。欧州諸国が主張することがそのまま普遍的であるわけではありません。

したがって、もし日本政府が欧州諸国からの批判に対して自国の死刑制度を正当化したいのなら、本来は「文化」をもちだすべきではなく、普遍主義的に「死刑は正しい」ということを主張すべきなのです。

たしかに、死刑を廃止することと存置することのどちらが普遍的か、という問題は簡単には決着がつかないでしょうし、それはそれで欧州諸国の激しい反発があるでしょう。

しかし、普遍主義的な土俵で勝負するのではなく、安易に「文化」をもちだしてしまうところに、日本政府の外交力と発言力の弱さがあることは否定できません。外交とは、たとえ自国の特殊な利益を主張する場合ですら、普遍主義的な論理で勝負するしかない領域なのです。

（今回の副読本）

『オリエンタリズム』

エドワード・W・サイード／平凡社ライブラリー

パレスチナ出身の知識人・サイードによる、東洋に対する西洋人の理解を多角的に捉えた著作。西洋人の独断的解釈で語られる人種主義的、帝国主義的な「オリエンタリズム」の概念がいかに根深いものかを論じた。

（第18講）

債務危機と金融危機は避けられるのか――資本主義の悲しい性

◈債務危機とは先進国共通の問題である

東日本大震災が起きた2011年、欧州の債務危機が世界を揺るがせました。ギリシャだけでなく、イタリアやスペイン、ポルトガルの政府の債務状況もひじょうに危ないと騒がれました。2011年10月には、フランスとベルギーに拠点をおく大手金融機関のデクシアが破綻しました。ギリシャ政府などが借金のために発行した国債をもちすぎていたためです。

同じような金融機関の破綻は今後も生じるかもしれません。欧州の債務危機そのものがなくなったわけではありませんから。

もしそうなれば、金融機関同士が貸し倒れを避けておたがいに資金を融通しあわなくなり、

2008年のような金融危機がふたたび起こることだってありえなくはないでしょう。

とはいえ、債務問題を抱えているのはヨーロッパの国々だけではありません。アメリカや日本も巨額の債務を抱えています。

とくに日本は政府債務残高がGDP（国内総生産）に対して2倍強と、先進国のなかでも最大規模の債務を抱えています。2011年の欧州債務危機の時点で、イタリアの政府債務残高はGDP比で約120％、ギリシャでも約145％でした。いかに日本の政府債務残高が多いのかがわかるでしょう。2011年には菅首相（当時）がジャック・アタリ『国家債務危機』を書店で購入して話題になりました。

つまり債務危機とは先進国共通の問題なのです。

では、なぜ先進国はここにきて政府債務がふくらみ、財政破綻の危機に直面しているのでしょうか。

まずは欧州からみていきましょう。

◈欧州の債務危機はどのようにして起こったのか

西欧諸国では1970年代になると高度経済成長が終わり、低成長の時代が始まりました。経済が停滞したため、多くの企業がコストカットをめざして賃金の安い周辺国へと生産拠点を移し、80年代にはすでに産業の空洞化が問題になっていたほどです。経済大国化する日本とアメリカのあいだにはさまれて欧州経済は没落してしまうのではないか、というユーロペシミズム（ヨーロッパ悲観論）が西欧諸国に広がったのもこの時期です。

この時期にはもう、高度成長期に拡充した社会保障が財政を圧迫していました。低成長のため税収は増えないのに、高齢化が進んだり失業率が上昇したりして、社会保障費は増大したからです。

しかし、90年代になり冷戦が崩壊すると、西欧諸国はアメリカや日本の経済力に対抗するために欧州統合を進め、経済規模の拡大による効率化をおこない、99年には統一通貨ユーロを導入します。これによってユーロペシミズムも消失していきました。

このユーロ導入によって、たとえばギリシャにはフランスやドイツから大量の資金が投資されました。それまでのギリシャの通貨ドラクマは恒常的なインフレにあえぎ、通貨としての信用力があまりありませんでしたが、統一通貨ユーロになって信用力が増したからです。

ギリシャ経済はこの海外からの投資の増大によって一時的な活況を呈しました。要するにバブルです。

しかしバブルはいずれはじけます。ギリシャの政府債務は、それまでの放漫な財政体質に加えて、そのバブル崩壊を財政出動によって埋め合わせようとしたことで拡大しました。

債務危機に陥っているほかの欧州諸国の事情もだいたい同じようなものです。つまり、ユーロ導入にともないバブル経済が発生し、その後始末を政府がすることで、それ以前からすでに進行していた政府債務が深刻化したのです。

◆アメリカの場合

アメリカの場合も、発端は1970年代にさかのぼります。

70年代のアメリカは、60年代に社会保障を拡充したこととベトナム戦争をはじめたことで、財政支出が増大しました。さらにその一方で、税収の伸びが頭打ちになってしまいました。

なぜ税収が伸びなくなってしまったのかというと、60年代の高度経済成長が終わってしまったからです。70年代にアメリカは一気に低成長社会に突入していきました。

こうした支出増と税収減によって、アメリカもまたこの時期に財政赤字の拡大に悩まされはじめたんですね。

その後、アメリカは経済の停滞を打開するために、日本やドイツに貿易摩擦問題をけしかけたり、規制緩和によって金融市場を拡大したりしました。が、それも思ったようには効果をあげませんでした。

そうした状況に転機が訪れるのは1995年です。金融資本が国境をこえて自由に移動できるようになったことで（国際資本の完全移動性の実現）、アメリカは「ドル高」政策に舵を切ったからです。それまではアメリカ政府は、日本やドイツとの輸出競争に負けないために、できるだけ「ドル安」になるような政策をおこなっていました。

この新たなドル高政策によってアメリカは、世界中から資金を呼び込んで、国内外の金融市場で運用して、利益を拡大することができるようになりました。

そして実際に、90年代後半から00年代半ばにかけてアメリカではITバブルと住宅バブルが起こります。信用力のあまり高くない低所得者層（サブプライム層）にローンを組ませて住宅を購入してもらうという手法が問題になったのも、この住宅バブルにおいてです（サブプライム・ローン問題）。

ともあれ、アメリカはこうしてウォール街主導による繁栄を手にしたわけですね。

しかし、そのバブルも08年の金融危機によって崩壊します。投資銀行リーマン・ブラザーズの破綻は世界中に衝撃をあたえました。まさか、栄華を極めていたアメリカの四大投資銀行の一つがつぶれるなんて誰も予想していませんでしたから。

その金融危機をなんとか収めるために、アメリカ政府は多額の公的資金を金融機関に注入したり、公共事業を拡大したりしました。さらに、アフガニスタンでの「テロとの戦い」やイラク戦争が当初予想していた以上に手間取って長期化したことで、多額の戦費がかさみました。

こうして、70年代から拡大していた政府債務がさらに増えてしまったのです。

◆なぜ日本では他国に先駆けてバブル経済が起こったのか？

日本の場合はどうでしょうか。

日本でも1970年代になると高度経済成長が終わります。

ただ、低成長社会に入った他の先進国と比べると、日本は相対的に高い経済のパフォーマンスを維持しつづけました。省エネと合理化で競争力を維持したからです。先進国の高度経済成長が終わった理由の一つが石油危機による石油価格の高騰であったことを考えるなら、省エネの実現がどれだけ日本経済の競争力に寄与したのかがわかるでしょう。

その高い経済のパフォーマンスは世界中から驚きのまなざしで注目されました。日本でベストセラーになったエズラ・ヴォーゲル『ジャパン・アズ・ナンバーワン』がアメリカで出版されたのも70年代終わりでした。

とはいえ、それでもやはりこの時期に経済成長率が低下したことには変わりありません。その

◉日本、米国、EUにおける経済成長率の推移

※実質GDPの変動を示す。

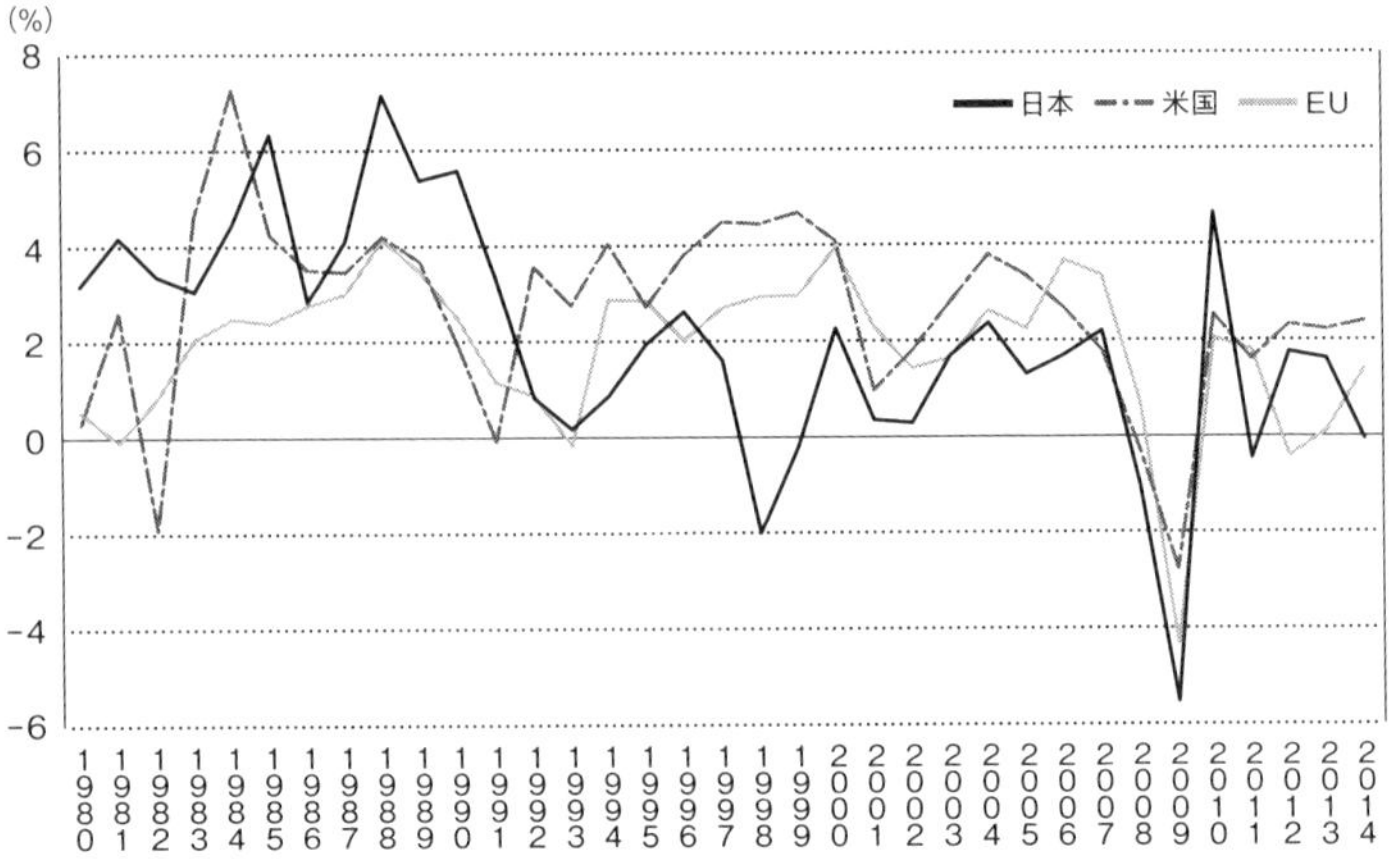

出典：IMF-World Economic Outlook Databases（2015年4月版）

低下をおぎなうように、日本では80年代後半にバブル経済が起こります。

なぜ日本では、他の先進国よりも早くバブルが起こったのでしょうか。アメリカでもヨーロッパでも、低成長をおぎなうためにバブルが起こったのは90年代後半以降です。

日本のバブル経済が他よりも先駆けて起こった理由は、日本人の高い貯蓄率によって金融資産が国内に潤沢にあったからです。その金融資産をもとに、日本の金融機関はバブル経済の原因となった放漫な貸し付けをおこなったのです。

日本の財政赤字が深刻化するのはそのバブル崩壊後ですね。

まず、バブル崩壊による景気の落ち込みを何とか回復させようと、莫大な公共投資がな

されました。また、高齢化の進展によって社会保障費の支出も増大しました。

その一方で、長引く不況や景気対策のための減税によって税収は減りつづけます。15～64歳の生産年齢人口が1997年を境に減少に転じたことも、税収の低下に拍車をかけました。

そうしたことが累積した結果、現在の巨額の政府債務がつくられたのです。

◈先進国に共通する債務危機の構造

こうしてみてみると、先進国の債務危機には共通の構造があることがわかります。

まず、高度経済成長の終焉と低成長の常態化です。つぎに、高齢化などによる社会保障費の増大です。そして最後に、バブル経済の発生とその崩壊です。これら三つの要素が重なって先進国の債務危機をもたらしました。

確認しておきたいのは、これら三つの要素は互いにつながっているということです。

たとえばどの国でも、貧しい状態から経済成長が達成されると出生率が下がります。経済成長によって子どもをたくさん生むメリットが減るからです。

かつての貧しかった時代、子どもは家計を助ける労働力として位置づけられていました。逆に、経済成長が達成されて社会が豊かになると、子どもを育てるコストは増大します。メリットが減り、コストが増大すれば、当然、子どもをたくさん生もうとはなかなか思わなくなりますよね。

出生率の低下は少子高齢化をもたらします。それは税収の減少（現役世代の減少）をともなうだけでなく、社会保障費の増大（高齢者の増大）をもともないます。経済成長によって社会が豊かになることで平均寿命も延びますから、生まれる子どもの数よりも高齢者の数がどんどん増えてしまうんですね。

出生率の低下はさらに経済の成長率をおしとどめる要因になります。というのも、子どもの数が減っていけば、しばらくして現役世代の数も減ることになり、経済の規模そのものが縮小してしまうからです。その場合、労働人口の減少率を超えるだけの生産性の向上が起こらないかぎり、経済成長率はマイナスになってしまうでしょう。

要するに、経済成長が少子化をもたらし、その少子化が財政の悪化や経済成長の鈍化をもたらす、というつながりがあるんですね。

ほかにも、経済の低成長化はバブルの発生と密接につながっています。これは重要な点です。高度経済成長が終わるということは、実物経済における生産拡大の局面が頭打ちになるということであり、また利潤率が低下するということです。バブル経済はその利潤率の低下を、金融取引や不動産投資の拡大によっておぎなおうとして生じるのです。

たとえば人口が増加しなくなると新築マンションはあまり売れなくなりますが、それを投機の対象にして転売をくりかえせば、あらたな利益が生じ、マンション市場の縮小を埋め合わせることができますよね。つまり、実物経済での拡大が期待できない分、金融経済を拡大させることで利潤率を確保しようとする動きが活発になるのです。

この点で、金融経済化とバブル経済の発生は低成長社会の一つの必然にほかなりません。モノが売れなくなった低成長の社会では、つねにバブル経済にむかう圧力があるんですね。

しかし、そのバブル経済は決して長続きしません。それはもともとが実需に連動したものではありませんから。しばらくは株価や不動産価格の上昇に社会が浮かれても、どこかで限界がきて、バブルは弾けてしまいます。

そうなると経済へのダメージは深刻です。

バブル経済で儲かるのは投資するほどのお金をもった一部の人間だけですが、バブル崩壊でダメージを受けるのは社会全体です。

結局、その尻拭いをするのは政府（と税金を払う国民）となり、政府債務がますます累積してしまうんですね。

◆資本主義経済における国家の役割を私たちは再考しなくてはならない

先進国の政府債務がここまで大きくなってきたということは、逆にいえば、現在の資本主義経済において財政支出の役割がいかに大きなものとなっているか、ということを示しています。実際、現在の債務問題の背景にあるのは、高度経済成長によって達成された経済の規模や福祉の水準を低成長社会になったあとも維持するために、政府の財政支出に頼ってきた、ということです。政府が借金をしなければ、私たちは現在の経済の規模（たとえばＧＤＰ）も福祉の水準も維持できないのです。

このことは、資本主義経済における国家の役割について再考することを私たちにうながします。これまでは資本主義経済において国家はほとんど大きな役割を担っていないと考えられてきました。国家の役割はせいぜい犯罪を取り締まり、所有権を保護することぐらいで、国家が関与しなくても資本主義経済は回るし、むしろ国家が関与しないほうが資本主義は回る、というのが一般的な見方でした。

しかし実態はまったく違ったんですね。

高度経済成長が終わってからというもの、資本主義経済は、政府が借金をしてお金をつかわなければ「縮小再生産」の道をたどらなくてはならないような状況におかれました。もし実際に「縮小再生産」の道におちいれば、資本の「拡大再生産」を原理とする資本主義経済そのものがなりたたなくなってしまいます。

資本主義が維持されるためには、国家が財政支出によって市場を支えることが必要不可欠なのです。犯罪を取り締まって所有権を保護することだけが、資本主義経済における国家の役割ではありません。市場における一プレーヤーとして、借金をしてでも需要をつくりだすという「経済内的」な役割も、資本主義経済において国家が果たすべき重要な役割なのです。

◆政府債務を削減することの政治的な困難

では、危機的な状況にあるといわれる政府債務をどうしたら減らすことができるでしょうか。もしこのまま債務危機が深刻化すれば、財政破綻する国もでてくるかもしれません。日本だって例外ではありません。そんなことになれば、経済は停滞どころか大混乱におちいるでしょう。

とはいえ、政府債務を削減するというのはひじょうに難しい問題です。

まず、それは政治的に困難です。

たとえば日本政府の２０１４年度の一般会計予算をみてみると、歳出のなかでもっとも大きな割合をしめているのは社会保障費です。それは歳出全体の31・８％を占めています。過去の借金

◉2014年度 一般会計予算 歳出（単位：億円）

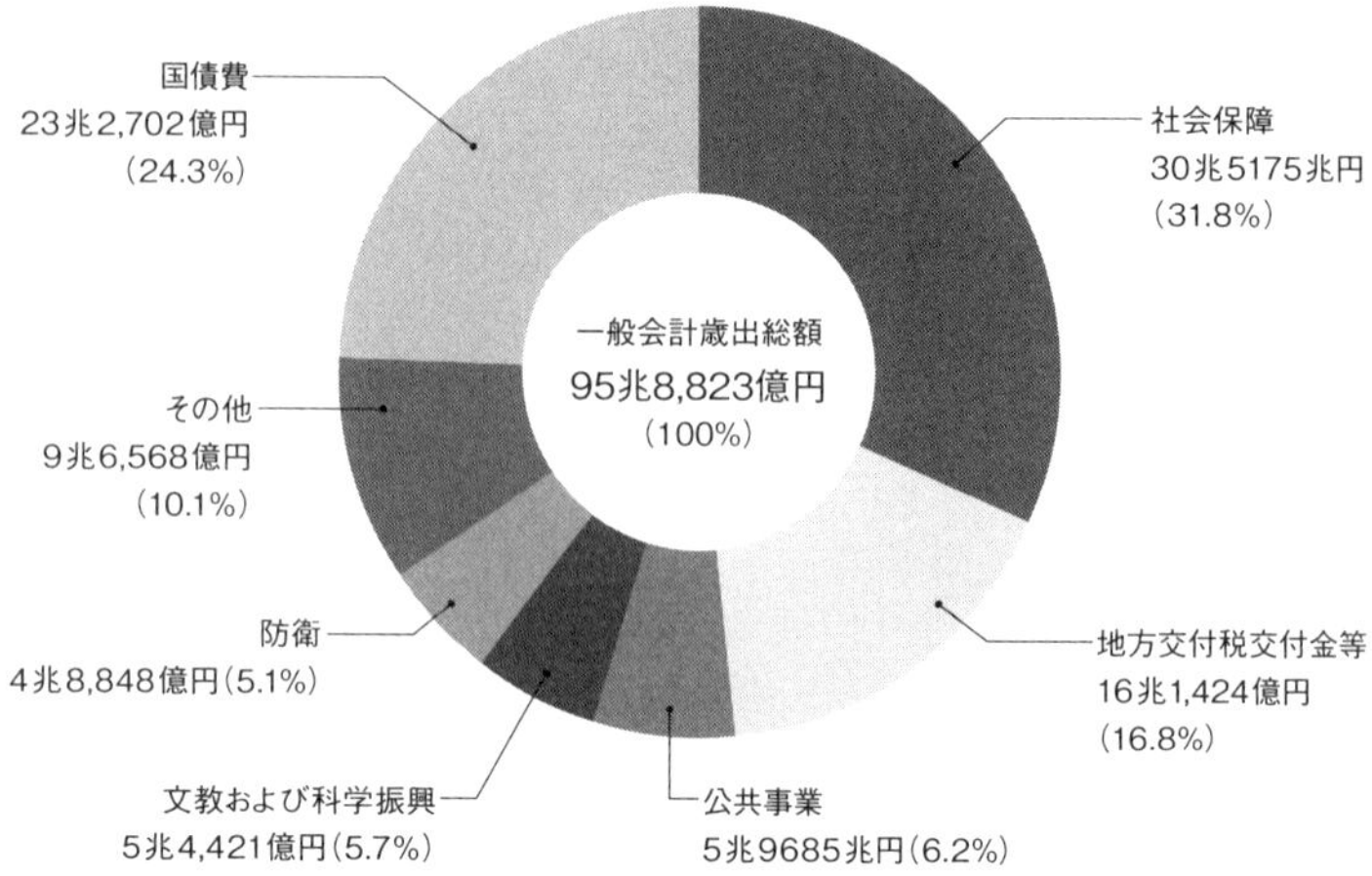

の返済や利払いにあてられる国債費をのぞいた政策経費（72兆6121億円）でみると、社会保障費はなんと、そのなかの約42%を占めているのです。

この社会保障費は高齢化の影響をもろにうけて毎年1兆円ほど増加しつづけています。つまり、財政赤字を少しでも減らすためにはこの社会保障費を削らなくてはいけないのです。

しかし、それはとても困難な課題です。なぜなら、社会保障費の削減はそれに頼らざるをえない貧困層の人たちの生活水準をさらに下げることになるからです。とりわけ年金や医療費で社会保障に頼っている高齢者たちを中心に、強固な反対論がでてくるでしょう。高齢者の数は世代的にも多く、また投票率も高いため、政治家たちは選挙対策としてもその声を無視することはできません（シルバー・デモクラシー）。

◆政府債務を削減することは経済的にも困難である

政府債務を削減することは政治的に困難であるだけでなく、さらに経済的にも困難です。というのも、財政支出を削減すれば、それだけ景気が落ち込んでしまうからです。

現在の先進国の資本主義経済は、政府が借金をして財政的に市場を支えることでなんとか「縮小再生産」におちいらずにすんでいます。このことはすでに指摘しました。政府債務を削減するために思い切って財政支出をカットしてしまえば、そうした縮小の道に経済がむかってしまうかもしれません。

つまり、政府債務を放置しておけば財政破綻のリスクが高まってしまいますし、反対に政府債務を削減しようとすれば経済を停滞させ、場合によっては縮小スパイラルにおちいらせてしまうのです。どちらにしても悲観的なシナリオしかないんですね。根本的なジレンマです。

もちろん高度成長期のように経済がどんどん成長してくれれば問題ありません。

◈経済成長がなかなか実現しないのはなぜか

しかし、高度成長期のような経済成長は先進国ではもう二度と起こらないでしょう。というのもそれは、石油エネルギーの活用をつうじた飛躍的な生産力の上昇と人口増加によって実現された急激な生産拡大の現象だからです。

石油よりもエネルギー効率のいいエネルギーを人類はいまだ手にしていません。また人口増加という点についても、どの先進国も高齢化や人口減少に悩まされており、今後、先進国で継続的な人口増加が生じる可能性はほとんどありません。

もちろん、技術革新やイノベーションによって低い水準での経済成長が実現されることはこれからもあるでしょう。しかし、かつて先進国が経験したような高度な生産拡大が起こる条件はいまではまったくそろっていないのです。

2012年12月に発足した第二次安倍内閣のもとですすめられた異次元の金融緩和策は、そうした状況のなかでなんとか経済を成長させようとする苦肉の策でした。それは、中央銀行（日銀）が国債などを民間銀行から買うことで（つまり国債と引き換えに市場にお金を供給することで）市場にでまわるお金の量を増やし、それによって経済を拡大させることを狙ったものです。お金の量を増やすことで経済の規模を水ぶくれさせることだといってもいいでしょう。

これが成功するかどうかは現時点ではわかりません。

お金の量が増えることで経済活動が活発化して、景気が持続的に上向いてくれれば成功です。しかし、実体経済の状況がなにも変わっていない以上、お金の量を増やしたからといって、経済活動が活発化するどころか、経済の規模が水ぶくれすらしてくれないかもしれません。

私自身はできれば成功してほしいと思っていますが、おそらく後者の可能性のほうが高いでしょう。

◈金融危機が頻発する激動の時代を生き抜くために

要するに、現代では高い経済成長によって政府債務を削減しようなどということはあまり期待できないんですね。

実際、日本では、バブル経済によって税収が戦後最高を記録した１９９０年度でもその額は60兆円ほどしかありませんでした。これでは２０１４年度の政策経費（72兆６１２１億円）すらまかなえません。

ということは、経済成長があろうがなかろうが、私たちは経済状況にそれほど大きな影響がおよばない範囲で政府債務を削減していかなくてはならないのです。政府債務を削減するためには まず景気をよくしなくてはいけない、という考えは残念ながらなかなか通用しないのです（それは言い換えるなら、景気がよくなるまでは債務を削減しなくていい、ということですから）。

経済成長という前提から債務削減の努力を切り離すことが、いまの時代、極めて重要なんですね。

これからの世界では、金融危機が起きるリスクがいたるところで高くなります。

そのリスクは、先進国の債務危機から生じる金融危機のリスクだけにとどまりません。

中国などの新興国では、猛烈な勢いで経済成長が達成されています。そのスピードが速いぶん、バブル経済（とその崩壊）がやってくるのもあっという間です。

それに、しばらくすればアジアの新興国でも少子高齢化と人口減少が始まります。そうなれば経済成長が頭打ちになりますから、バブル経済も起こりやすくなりますし、政府債務も膨らんでいくでしょう。

中国をはじめとする新興国発の金融危機のリスクもすでにそこまで迫ってきているのです。

金融危機がどこかの国でひとたび起きれば、その規模にもよりますが、世界中の経済が停滞し、大混乱におちいります。そのダメージを少しでも小さくするためには、政府債務を少しでも削減して、財政を安定化させておかなくてはなりません。これからの激動の時代を日本経済が生き抜くためにも、政府債務の削減は避けられない課題なのです。

（今回の副読本）

『国家債務危機』

ジャック・アタリ／作品社

38歳という若さで、フランスのミッテラン政権の大統領特別補佐官を務めた著者が、債務問題から経済の展望を大胆に予測。ユーロ危機や1000兆円の債務を抱えた日本の将来を、経済政策の検証とともに紐解いていく。

（第19講）

なぜ再分配で世代間格差は広がってしまうのか？

◆いまの年金制度では世代が若くなるほど損をしてしまう

格差問題といえば、これまでは正社員と非正社員の格差だとか、男女のあいだの雇用機会の格差などがよく論じられてきました。しかし、世代間の格差も決して無視することのできない問題です。たとえば経済学者の鈴木亘は『財政危機と社会保障』のなかで次のような試算をしています。

１９４０年生まれの人が平均的な寿命まで生きた場合、生涯に受け取ることのできる年金の総額は、生涯に支払った年金保険料の総額より３０９０万円多くなります。これに対して、１９６０年生まれの人の場合は２６０万円のマイナスになります。さらに、１９７０年生まれの人の場合は１０５０万円のマイナス。１９８０年生まれの人の場合は１７００万円のマイナス。１９９０年生まれの人の場合は２２４０万円のマイナス。２０１０年生まれの人にいたっては２８４０万円のマイナスになります。１９４０年生まれの人と２０１０年生まれの人を比べると、その差額はなんと５９３０万円です。

つまり、いまの年金制度では、世代が若くなればなるほど、年金保険料として支払った総額よりも少なくしか年金をもらえないんですね。１９６０年代以降に生まれた人は、年金保険料をまじめに支払っても、そのお金は戻ってこないのです。

これなら「年金保険料なんて支払わずに、自分でその分を老後のために貯金しておいたほうがよっぽどいい」ということになってしまいます。若い人の多くが「年金なんて返ってこない」と直感的に思っているのは、実際にも正しいのです。

◆少子高齢化社会で「賦課方式」をつづけることの限界

なぜこんなふうになってしまうのかというと、その原因は第一に現在の年金制度にあります。日本の年金制度はもともとは「積立方式」のもとで始められました。つまり、自分たちが現役世代のときに積み立てた年金で老後の生活をまかなう、という方式です。

しかし、この方式だと、年金制度が開始されたときすでに高齢者になっていた人たちには積み立ててきた年金がないということになりますので、彼らの年金をまかなうために、次第に「賦課方式」へと年金制度がなしくずし的に移行されてしまったのです。「賦課方式」というのは、高齢者の年金を現役世代の保険料でまかなう、という方式です。

この「賦課方式」は、高齢者の数が少なく、現役世代の数がひじょうに多い場合であればうまくいく方式です。

たとえば1965年には、65歳以上の高齢者1人に対して約9人の現役世代（20〜64歳）がいました。つまり現役世代9人で高齢者1人の生活を支えればよかったのです。その分、現役世代1人当たりの負担はわずかでよかった。

これに対し、少子高齢化が進んだ現在では、65歳以上の高齢者1人に対して現役世代は約2・5人しかいません。2050年になるとこれがさらに進んで、高齢者1人に対して現役世代は1・2人になってしまいます。

少子高齢化社会では「賦課方式」をつづけるかぎり、現役世代の負担がどんどん重くなってしまうのです。だから、若い世代ほど、支払った保険料よりも少なくしか年金をもらえなくなってしまうのです。

◆「シルバー・デモクラシー」の弊害

こうした世代間格差を解消するためには年金制度を本来の「積立方式」に変えなくてはなりません。一気に「積立方式」に移行することが難しいのであれば、少なくとも各世代の年金支給はその世代が支払ってきた年金保険料の総額に見合った範囲でまかなわれ、その範囲で世代内の相互扶助がなされるよう、調整されなくてはなりません。

しかし困ったことに、そうした制度改革には多くの高齢者が抵抗します。

というのも、高齢世代は年金保険料を十分に払ってこなかったので、「積立方式」に変わると自分たちの年金がなくなってしまうのではないかと恐れるからです（1940年生まれの人が、支払った保険料より3090万円も多く年金をもらえるということは、それだけ保険料を支払ってこなかったということです）。

ここに、世代間対立が生まれる大きな余地があります。

人口動態的に高齢者が増えてしまうということ自体は誰のせいでもありません。この意味で、現役世代の負担増を高齢者のせいにすることは正しくないでしょう。

しかし、不平等なかたちで若い世代に負担を押し付けてしまう現行制度を高齢者たちが改めさせてくれないのであれば、それは高齢人口増の「弊害」といわれてもしかたありません。

事実、政治家たちは、こうした世代間格差の実態をたとえ認識していても、なかなか制度改革には手をつけてくれません。その理由は、そもそも制度改革が仕事として複雑で大きすぎるということもあるのですが、根本的には、人口が多く、投票率も高い高齢者の要望を優先的に聞かなければ選挙で勝てないという事情があるからです。

まさに「シルバー・デモクラシー」の弊害です。

◆世代間格差は日本経済を疲弊させ、財政状況を悪化させる

深刻なのは、こうした世代間格差を放置しておくと日本経済そのものまで疲弊させてしまうということです。

現役世代はがんばって仕事をしても、高齢者を支えるために必要以上に社会保険料や税金を負担しなくてはなりません。そうなると現役世代が消費にまわせるお金は少なくなり、高齢者は高齢者で消費性向が低いので（受け取った年金をすべて使うわけではない）、内需そのものがしぼんでしまいます。内需がしぼめばモノが売れなくなり、企業の業績も悪化し、それはそのまま労働者の賃金低下をもたらします。その結果、さらに内需がしぼみ、モノが売れなくなり……という縮小スパイラルに陥ってしまうのです。

少子化の影響で、現在でもすでに年率0・9％のスピードで生産年齢人口（15～64歳の人口）は減少しており、経済は縮小傾向にあります。世代間格差の問題は、現役世代に過剰な負担を強いることで、人口動態での変化以上にこの縮小傾向を加速させてしまうのです。

財政の問題についても同じことがいえます。

経済が縮小すれば当然、税収も減少します。しかしその一方で、高齢者福祉のために歳出は増大するので、財政赤字は拡大します。現に1990年度の一般会計当初予算の歳出は66兆円でしたが、2011年度は92兆円と26兆円も増え、そのうちの17兆円分が社会保障費の支出増によるものでした。

国の一般会計における社会保障費は年1兆円のペースで増大しています。これでは消費税を10％にあげても、社会保障費の増大にどこかで歯止めをかけないかぎり焼け石に水です。このままいくと、増税しても財政破綻、という最悪の結果だってありえないことではありません。

◈なぜ日本では社会保障によって所得の再分配をすると逆に格差が広がるのか

日本は先進国のなかでも特殊な国です。というのも、税と社会保障をつうじて所得を再分配すると、何もしなかったときより逆に格差が拡がってしまうからです。

本来、所得の再分配は、金持ちから低所得者へと、格差を縮めるためになされるものですよね。しかし日本ではその再分配が「格差を拡大する」という逆効果をもたらしてしまっている。なぜでしょうか。

それは社会保障制度をつうじて、所得の低い現役世代から、資産のある高齢世代へと所得移転がなされるからです。

総務省の家計調査によると、60歳以上の世帯は平均すると2200～2300万円の金融資産をもっているそうです。生活保護で暮らしているような貧困高齢者も含めて、なおかつ不動産などの資産を除いて、高齢者はこれだけの金融資産を平均してもっているのですから、大したものです。

これに対して、介護の仕事をがんばっても、月10万円ちょっとしか所得のない若者が、それでも年金保険料を支払っていることを思うと、日本の社会政策の不条理さを感じずにはいられません。

◈将来世代のための持続可能性を保証するような民主主義を考えること

世代間格差は制度によってつくられています。それはたんに、かつては経済成長があり、いまは経済が停滞しているから、生じているのではありません。

制度によってつくられている以上、それは私たちの政治的努力によって改善できるものです。

しかし、先にも述べたように、いまの民主主義のあり方では、なかなか世代間の不平等を国政で問題化することは難しい。たんに目のまえの人たちの利益を保証するための民主主義ではなく、将来世代に負担を押し付けることのない、持続可能性を保証するような、新たな民主主義を創出していく必要があるのです。


（今回の副読本）

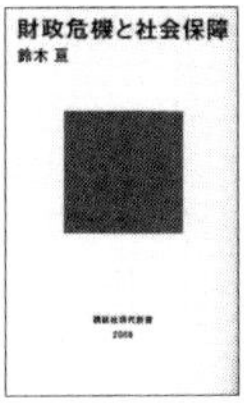

『財政危機と社会保障』
鈴木 亘／講談社現代新書
史上最悪の債務を抱えた日本の財政が、社会保障にもたらす影響を浮き彫りにする1冊。少子高齢化社会の日本において、「社会保障のあるべき姿」を、詳細かつ膨大なデータを用いて解説する。

（第20講）

道徳を超える哲学——軍事と経済のあいだにある不愉快な逆説について

◈軍事ケインズ主義とは何か

不況がつづくと、しばしば戦争待望論がでてきます。ここでガツンと戦争でもしてくれれば景気もよくなるのに、と。

とくにアメリカではこうした意見がでやすいのですが、その理由となっているのは、戦争になると戦費のために政府支出が増大する、という点です。

戦争になればたくさんの兵器が必要となりますから、政府は軍事企業にそれらの製造を発注します。そうなればそれら企業の業績は上向き、雇用も増えますので、全体として景気がよくなるということです。戦争が近づくと軍事企業の株価が上がるのはそのためですね。

また、戦争で兵士が足りないということになれば、政府は国民から兵を徴用しますから、そこでも兵役という雇用が生まれ、失業者は減ることになります。

さらに、戦争で必要なのは兵器だけではありません。軍服やテントなどにつかう繊維や、陣地の構築につかうための資材、兵士たちの食料なども必要となります。1950年から始まった朝鮮戦争では敗戦直後の日本経済が大いに潤いましたが、それは「朝鮮特需」といって、アメリカ軍から大量の物資やサービス（土嚢袋や軍服、テントなどのための繊維製品、各種鋼材やコンクリート材料、車両や航空機の修理など）を発注されたからでした。

こうした戦争の経済効果に注目し、景気対策のために軍事によって政府支出を増やそうとする立場のことを「軍事ケインズ主義」と呼びます。「ケインズ」というのは、20世紀でもっとも重要な経済学者といわれるイギリスの経済学者のことですね。

ケインズは、政府が公共投資によって有効需要をつくりだすことで、経済を上向かせ、完全雇用を実現すべきだと考えました。

このケインズの考えを軍事をつうじて実現しようとするのが「軍事ケインズ主義」です。不況がつづくと景気回復のために戦争をもとめてしまう発想というのは、まさに軍事ケインズ主義を地でいっているわけですね（ただし、ケインズ自身はそうした軍事による有効需要の創出を主張していたわけではありません、念のため）。

◆軍事ケインズ主義は現代でも有効なのか

ところが、ポール・ポースト『戦争の経済学』によれば、20世紀においてこうした戦争の経済効果が認められるのは、第一次世界大戦から朝鮮戦争まででした。それ以降の、ベトナム戦争や湾岸戦争、そしてイラク戦争では、戦争による景気押し上げ効果はみられないと、ポーストはこの著書のなかで数字を示して論証しています。

たとえば2003年に始まったイラク戦争では、国防支出が年率44％ほど増大し、一時的に経済を刺激しましたが、長続きはしませんでした。というのも、その支出の大部分が部隊や機材の輸送とメンテナンスに費やされ、新規の兵器や資材の購入には充てられなかったからです。軍事ケインズ主義はじつは現代には当てはまらないんですね。

たしかに、ミクロ経済的にいえば、イラク戦争によってもうけた企業はいくつもありました。エネルギー関連企業のハリバートンなどが、そのいい例です。

ハリバートンは、イラク戦争開戦時にアメリカ副大統領だったディック・チェイニーが、副大統領になる前にCEO（最高経営責任者）をしていた企業です。

ハリバートンやその子会社は「チェイニー副大統領とのコネがあるからではないのか」と思わせるほど有利な条件で、イラク戦争における軍事関連事業をアメリカ政府から請け負っていました。たとえば、イラクにある石油関連施設の消火活動を、「費用はかかった分だけあとから請求すればいい」という、通常ではありえないほどの好条件で請け負っています。

とはいえ、マクロ経済的にみれば、イラク戦争での戦費の支出がアメリカ経済を押し上げる効果はほとんどなかったということです。

◈なぜ軍事ケインズ主義は経済効果をもたらさなくなってしまったのか

では、なぜ朝鮮戦争のあと、戦争は強いプラスの経済効果をもたらさなくなってしまったのでしょうか。

ポーストによれば、その理由は、恒常的に軍備が維持されるようになった点にあります。

つまり、何万人もの軍人がつねに配備され、兵器などの軍事設備が大規模に維持されるようになったことで、たとえ戦争になってもわざわざ大量動員をおこなう必要も、新たに兵器などを調達する必要もなくなった、ということです。

振り返れば、たしかに朝鮮戦争以降、世界は冷戦に突入し、アメリカをはじめとする主要国は「戦闘なき戦争（＝冷戦）」のために常備軍を充実させ、軍備を拡大してきました。第一次世界大戦以前、アメリカ政府は戦争のときにしか軍事支出をしなかったことに比べたら、大きな変化です。

現代では、戦争が実際にはなされていないときでも立派な軍隊と軍備が維持されているからこそ、いざ戦争が起こってもわざわざ政府支出を大幅に増大させなくてもよくなったのです。それが「軍事ケインズ主義」を失効させたんですね。

◈巨大な軍備があるからこそ戦争の経済的意味がなくなったという逆説

とするなら、ひじょうに大きな逆説を現代の世界は抱えていることになります。すなわち、現代においては巨大な軍隊と軍備がつねに維持されているからこそ、戦争によって経済効果をもたらすことは不可能になった、という逆説です。

一言でいうなら、巨大な軍備と軍隊があるおかげでいまや戦争をする経済的意義は大きく縮小した、ということです。巨大な軍備がつねに存在することによって、軍事ケインズ主義が抑止されている、ということですね。

この逆説は、「軍隊があるから戦争が起こるのだ（だから軍隊をなくそう）」という私たちの素朴な観念を真っ向から否定するものです。

私たちの多くは「軍隊なんてものがあるから戦争が起きるのだ」と考えています。しかし実際には、軍備がここまで巨大に、かつ恒常的なものになったからこそ、戦争によって何らかの経済効果をもたらすことが難しくなっているのです。巨大な軍隊があるからこそ、「ここでガツンと戦争でもしてくれれば景気もよくなるのに」という考えが広がらなくなっているんですね。

反対に、戦争による経済効果という観点からいえば、軍隊や軍備をなくしたときのほうが、不況のときに戦争をする経済的モチベーションは高くなってしまう。その場合だと、第一次世界大戦前のアメリカのように、戦争のためにゼロから人的・物的リソースを動員する必要が生まれ、軍事支出をつうじた有効需要創出の効果が高くなりますので、容易に軍事ケインズ主義的な主張がまかり通ることになるのです。

◆哲学は安易な道徳から離脱することから始まる

もちろん、戦争が引き起こされる理由は、不況時における有効需要の創出ということだけでなく、さまざまです。したがって、常備軍の存在によって戦争の経済効果がなくなったからといって、戦争が起こらなくなるというわけではありません。戦争の経済効果の有無にかかわらず、戦争が起こらないための努力は、それとしてしなくてはならないでしょう。

しかし、「戦争が起こらないようにするためには軍隊をなくすべきだ」「軍隊がなければ戦争は起こらない」と素朴に言えるほど単純な世界に私たちは生きているのではない、ということもまた認めなくてはなりません。

それどころか、戦争防止のために軍隊をなくすことがかえって戦争への衝動を高めてしまうような、ねじれた時代に私たちは生きているのです。

このねじれは、たしかに道徳的には不快なものかもしれません。私自身、今回のような話をリベラルな人たちが集まる講演会などでして、何度もバッシングされました。

しかし、たとえ道徳的に不快に感じられるとしても、ポーストが分析した現実を無視することはできないでしょう。それは思考の停止にしかなりません。安易な道徳から離脱することから哲学は始まります（もちろん道徳が哲学に必要ないということではありません）。

おそらく現代は、軍事がますます実際の戦争行為から切り離されていく時代なのでしょう。戦闘なき軍拡競争がくりひろげられた冷戦はその端緒でした。それによって、実際に戦争が起こらなくても軍事支出が恒常的になされ、戦争による経済効果はかぎりなく縮減していきました。

核兵器のような大量破壊兵器の出現も、その傾向に一役買っているでしょう。核兵器の出現によって戦争行為そのものの経済合理性はほとんどなくなってしまったからです（核戦争をしても誰も得をしないという状況）。

経済やテクノロジーの進展を人類は逆進させることができません。そうである以上、私たちはこうした「軍事と戦争の分離」という流れから逃れることはできず、そのなかで新しい平和のかたちを模索していくしかありません。拡充された恒常的な軍備によって戦争の経済効果がなくなったという現実は、その新しい平和を模索するための大きな手がかりなのです。
現実を善悪の観念で否定しようとしても、知的には何も生みださないのです。

（今回の副読本）

『戦争の経済学』
ポール・ポースト／バジリコ
戦争は、本当に経済を発展させるのか――。先進国を中心に〝定説〟とされていた戦争の経済効果について、「武器市場の概略」「核物質取引の価格」など、多角的視点から初歩的な経済理論を用いてストレートに分析した一冊。

あとがき

本書のもとになったのは月刊誌「サイゾー」での連載です。

その連載は『哲学者・萱野稔人の〝超〟現代哲学講座』というタイトルで２０１０年８月号から２０１３年12月号まで40回にわたっておこなわれました。

本書に収録されているのはその前半の20回分です。号数でいうと２０１０年８月号から２０１２年３・４月号までの連載分が本書のもとになっているものです。

それを一冊の本にまとめるにあたって、私はもとの原稿を大幅に加筆・修正しました。なにせ一番古いもので５年前の原稿です。そのあいだに私の問題関心も、社会的な議論の対象も少なからず変化しています。私の考えそのものも変化したところがあります。ですので、なかにはほとんど「書き下ろし」といっていいほど手を加えたものもあります。分量もかなりふくらみました。

全体として、連載のときと比べて大きく刷新された内容になっています。

＊

一言でいえば、本書は哲学の入門書です。本書を読むために特別な哲学の知識は必要ありません。

ただし哲学の入門書といっても、本書はよくある哲学の解説書ではありません。もともとこの連載は哲学の名著をつかって時事的な問題を考えるというコンセプトで始まりました。哲学書をたんに解説するのではなく、それを参照しながら時事的な問題を哲学的な問題として考える、ということです。

一見すると哲学はとてもとっつきにくいものです。それが何の役に立つのかよくわからない、と感じる人もいるでしょう。

その哲学を、哲学書をつかって時事的な問題を考えることで、役に立つものとして示すこと。それが本書の第一の目的です。

さらに、哲学的に考えると現実世界の問題はどのようにみえてくるのか、そもそも現実の社会のなかで起こっていることを哲学的に考えるとはどういうことか、ということもまた本書によって示そうとしました。

私はつねづね哲学のイメージはもっと豊かなものであるべきだと思っています。哲学の概説書や通史に描かれているような哲学だけが哲学ではありません。

ならば自分自身で哲学を実践することで、その哲学のイメージを少しでも豊かにしよう。それは同時に「哲学とは何か」という問いに新しい仕方で答えることにもなるにちがいない。そんな動機が本書には込められています。

本書が哲学の入門書だというのは、以上のような意味においてです。

＊

本書をこうして出版できたのは、ひとえに「サイゾー」編集長の岩崎貴久氏のおかげです。岩崎さんには「サイゾー」での連載のときから担当編集者としてお世話になりっぱなしでした。カルチャーや芸能、裏社会から政治まで、世界を深く読み解くための情報を伝える「サイゾー」には哲学のネタが詰まっています。そんな「サイゾー」の編集長である岩崎さんとの仕事はつねに刺激に満ちたものでした。改めてお礼申し上げます。

また、校正の段階ではフリーライターの橋富政彦氏のご協力もいただきました。橋富さんもまた、その鋭い洞察力と豊富な知識でいつも私に刺激をあたえてくれる一人です。本書以外の仕事でもお世話になることが多く、橋富さんと岩崎さんの三人で集まるときなど、文字どおり議論が尽きません。その日々の感謝も込めて、お礼申し上げます。

2015年7月
萱野稔人

［著者紹介］

萱野稔人（かやの・としひと）

1970年生まれ。哲学者。津田塾大学教授。パリ第十大学大学院哲学科博士課程修了。博士（哲学）。哲学に軸足を置きながら現代社会の問題を幅広く論じる。著書に、『国家とはなにか』（以文社）、『暴力はいけないことだと誰もがいうけれど』（河出書房新社）、『ナショナリズムは悪なのか』（NHK出版新書）など多数。

哲学はなぜ役に立つのか？

2015年8月24日　初版第1版発行
2017年2月17日　初版第2版発行

著　者——萱野稔人
編集協力——橋富政彦
DTP——inkarocks

発行者——揖斐　憲
発行所——株式会社サイゾー
〒150-0043
東京都渋谷区道玄坂1-19-2-3F
電話　03-5784-0790（代表）

印刷・製本——株式会社シナノパブリッシングプレス

ISBN978-4-904209-77-6